UNE

PAGE D'HISTOIRE CONTEMPORAINE

L'Élection de la troisième circonscription de Brest en Janvier 1897.

DEUXIÈME ÉDITION
AUGMENTÉE D'UN APPENDICE

Prix : 0 fr. 50

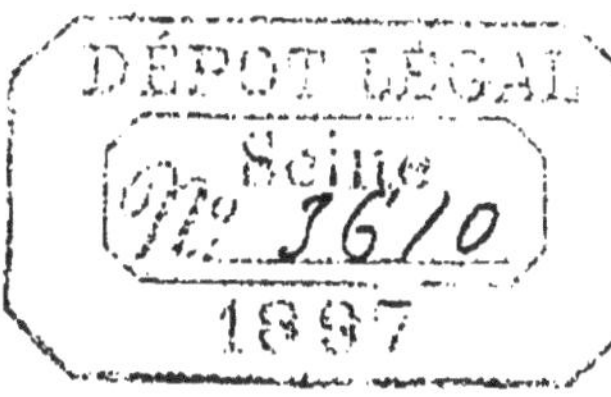

BREST
ANCIENNE MAISON J[n] HÉBERT
FRÉDÉRIC ROBERT
44, RUE D'AIGUILLON, 44 (EN FACE LE THÉATRE)

1897

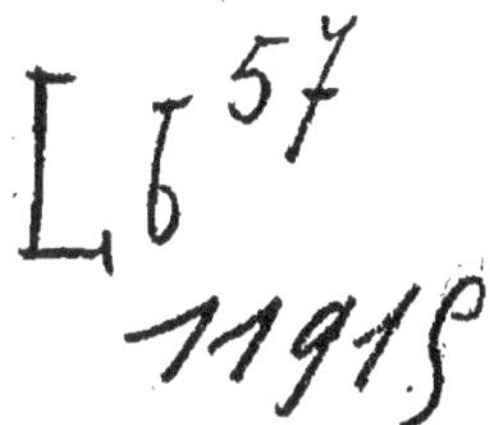

PRÉFACE

Ce qu'on va lire est un simple récit historique. A défaut d'autre mérite, il a celui de l'exactitude absolue.

Les choses vont vite en ce temps-ci, et elles s'oublient de même. Il a semblé qu'il était opportun de fixer, avant que la trace n'en fût effacée ou défigurée, les incidents de la campagne électorale dont M. l'abbé Gayraud fut le triste héros, la France conservatrice le témoin humilié et les ennemis de la religion les seuls bénéficiaires.

On s'est appliqué, dans ces pages, à faire œuvre impartiale et documentaire. On s'est efforcé de ne rien omettre; on n'a procédé qu'à coup sûr, selon la méthode scientifique, sur le vu des pièces authentiques, auxquelles on prend soin de renvoyer constamment.

On n'a pas eu pour but de provoquer des polémiques, encore moins de se répandre en de vaines récriminations. On s'est proposé de dégager, pour l'enseignement de tous et pour le profit de la cause du bien, les leçons de cette lamentable aventure.

Précédemment, une autre méthode avait été pratiquée dans la troisième circonscription de Brest, qui est la plus chrétienne de France, et les résultats avaient été les suivants : à chaque consultation des électeurs, l'union de ceux que le pape Léon XIII, appelle « les honnêtes gens » était affirmée et cimentée. Cette union se faisait sur les noms d'ecclésiastiques illustres — Mgr Freppel ou Mgr d'Hulst — qui étaient qualifiés pour représenter à la Chambre des députés le clergé de France. Par leurs talents comme par leurs vertus, ils honoraient ce clergé en le représentant.

En cette année 1897, un besoin d'innover s'est manifesté. La lecture des pages qui suivent démontre que le changement n'est pas imputable aux monarchistes. Ceux-ci ne demandaient qu'à maintenir l'ancienne méthode.

La conséquence eût été la nomination, à la presque unanimité des suffrages, de l'éminent évêque de Montpellier. Les divisions qui se sont produites eussent été évitées. Les électeurs de la troisième circonscription n'eussent connu ni les luttes fratricides qui les ont armés les uns contre les autres, ni les visages des enquêteurs radicaux qui sont venus entretenir et attiser les passions si malheureusement déchaînées. Tous les traitements ecclésiastiques seraient payés par l'Etat, comme c'est son devoir, et ils seraient régulièrement touchés par les intéressés, comme c'est leur droit. L'affichage du discours sectaire de M. Hémon eût été épargné aux trente-six mille communes de France — et aux contribuables. — Par-dessus tout, Mgr Freppel et Mgr d'Hulst revivraient en un successeur qui serait leur digne continuateur.

Quelques prêtres de la circonscription, excités par des instigations du dehors, ont considéré qu'il importait de faire mieux. Ce qu'ils ont fait, le voici :

Ils ont rompu cette union des « honnêtes gens », qui avait fait jusque-là, de la troisième circonscription, une citadelle dont les sectaires n'osaient même pas approcher.

Tandis que le devoir élémentaire des catholiques était de serrer leurs rangs pour bénéficier, à un moment donné, des divisions de leurs adversaires, ils ont jeté le désarroi parmi les amis de la religion et ils ont provoqué une concentration de ses ennemis.

Tandis que la circonscription avait eu, jusque-là, l'inappréciable honneur d'envoyer au Palais-Bourbon des interprètes autorisés du catholicisme français, ils y ont envoyé un abbé discuté et discutable, qui appartint à un ordre religieux, mais qui en est sorti, malgré ses vœux solennels, et qui est répudié par ses anciens supérieurs.

Qu'on ne dise pas qu'en nous exprimant ainsi sur le compte de M. l'abbé Gayraud, nous manquons au devoir du respect envers la religion. Ceux qui se prononcent pour lui prennent par là même parti contre tous les Dominicains de la province de Toulouse, dont il fut le frère ou le subordonné. Et c'est bien plus grave, au point de vue religieux, d'accuser de mauvaise foi tous les Dominicains qui témoignent contre lui que de le tenir dans une suspicion légitimée par tout ce qu'on sait de lui.

M. l'abbé Gayraud a dit qu'il avait « une mission providentielle ». Eh bien ! nous sommes de son avis. Il a surgi au moment propice pour fournir à tous les catholiques sincères et de bonne foi un enseignement dont quelques-uns d'entre eux avaient besoin. Il est l'argument vivant, le plus décisif, le plus lumineux de tous, contre la méthode qui est responsable de son succès d'un jour.

Après son équipée et ses suites, les politiciens de son espèce ne pourront plus se réclamer du Souverain-Pontife ni s'intituler « candidats du

Pape. » En effet, S. S. Léon XIII a chargé son Nonce à Paris de déclarer officiellement au ministre des Cultes, M. Darlan, qu'il n'avait pas de candidats en France et qu'il ne songeait pas à s'ingérer dans nos affaires électorales. M. Darlan l'a affirmé du haut de la tribune, et aucun démenti n'est venu.

En outre, le Souverain-Pontife, justement ému de l'abus qui avait été fait des conseils donnés par lui, a décidé de mettre un terme aux excès de ces prêtres et aussi de ces séminaristes qui osaient dire que les monarchistes ne sont plus de bons catholiques : par une lettre très importante à l'archevêque de Toulouse, en date du 27 mars 1897, il a informé les catholiques français qu'il n'avait jamais voulu « rien « changer à la doctrine et aux traditions du « Siège apostolique sur le degré d'obéissance « dû aux pouvoirs constitués ». D'où il résulte que les membres du clergé qui s'arrogeaient de fulminer contre M. le comte de Blois et ses amis des excommunications auxquelles Berryer, par exemple, ne fut jamais en butte, dénaturaient les intentions du Chef vénéré de l'Eglise.

Autres signes de la « mission providentielle » de M. Gayraud :

A ces catholiques trop naïfs qui s'obstinaient à vouloir méconnaître le caractère véritable de la République en France, il a forcément ouvert les yeux en provoquant les déclarations de M. Hémon que toute la gauche a acclamées : la République n'est pas, chez nous, une forme quelconque de gouvernement, c'est une doctrine, celle de l'irréligion.

Aux prêtres qui s'imaginaient que le « ralliement » allait être le signal d'une ère plus heureuse et inaugurer quelque choses d'analogue à ce que Gambetta appelait « la politique des résultats », l'élection de Brest a appris qu'on y gagne simplement des outrages et des suspensions de traitements.

Ce système a trouvé, dans son succès apparent lui-même, sa plus écrasante condamnation : il a réussi à faire entrer à la Chambre, aux lieu et place d'un Mgr Freppel, d'un Mgr d'Hulst, un abbé Gayraud !

Puisse la leçon être retenue ! Et réellement, alors, la « mission providentielle » aura été autre chose qu'un vain mot. Du mal sera sorti le bien.

I

La Mort de Mgr d'Hulst.

Le 6 novembre 1896, mourait à Paris, dans une modeste chambre de l'Institut catholique dont il était le recteur, Mgr d'Hulst, député de la troisième circonscription de Brest (Finistère). En annonçant le lendemain, à la Chambre, dès l'ouverture de la séance, la perte qu'elle venait d'éprouver, M. Brisson rendait un hommage mérité à l'homme éminent qui venait de disparaître, et il faisait la remarque, parfaitement juste d'ailleurs, que « les populations de cette partie de la Bretagne, représentées par Mgr d'Hulst, avaient tenu à honneur de chercher successivement pour défendre leurs intérêts et leurs idées deux des dignitaires les plus marquants de l'Eglise ». Le Président de la Chambre confondait ainsi dans un même éloge et le prédécesseur, Mgr Freppel, et le successeur, Mgr d'Hulst.

Candidature épiscopale.

Il semblait bien que cette heureuse tradition allait se continuer, car, un mois jour pour jour après la mort du regretté prélat, la *Croix* (1) annonçait avec satisfaction que Mgr de Cabrières, le vaillant évêque de Montpellier, acceptait d'être candidat dans la troisième circonscription de Brest. La presse conser-

(1) *Croix*, 6 décembre 1896.

vatrice et catholique faisait écho à la bonne nouvelle donnée par la *Croix*, et tout indiquait que les majorités considérables qui avaient élu Mgr Freppel, d'abord, et, plus tard, Mgr d'Hulst, se retrouveraient sur le nom de Mgr de Cabrières.

Sans doute, on savait que l'évêque de Montpellier avait conservé pour la forme monarchique un secret attachement ; mais de cette préférence, on n'avait point songé à faire un crime à ses deux prédécesseurs ; il paraissait naturel de croire qu'on ne se montrerait pas pour lui plus sévère. On fut donc étonné lorsqu'on vit l'*Univers* faire, à la date du 9 décembre, cette déclaration : « que les populations du Finistère, soumises aux directions pontificales, demanderont à quiconque voudra les représenter de se placer loyalement sur le terrain constitutionnel, et de dire tout haut : Catholique avant tout, je combattrai les lois sectaires, mais j'accepte la République. »

Évêque réfractaire.

C'était poser des conditions à Mgr de Montpellier et le traiter en réfractaire. C'était, en tout cas, interpréter les directions pontificales dans un sens étroit, bien éloigné de la pensée de Léon XIII. Nous en avons pour garant les lignes suivantes que nous extrayons d'une lettre de Mgr de Cabrières lui-même adressée à la *Libre Parole*. On y trouve nettement exposés les scrupules de l'évêque, soucieux d'accorder l'obéissance nécessaire avec des traditions anciennes, transmises et reçues comme un héritage sacré :

« Le Pape a accueilli avec bienveillance ces ouvertures filiales. Je ne me reconnais pas le droit d'indiquer littéralement en quels termes il a daigné le faire; — mais je peux avouer que ses paroles paternelles m'ont consolé et réjoui. La fidélité, quand elle est discrète et silencieuse, n'est jamais un acte de rébellion; et l'Eglise romaine, si douce aux vaincus, a montré, par toute son histoire, qu'elle mettait la mémoire du cœur et le culte des souvenirs au rang de ces vertus naturelles, sans lesquelles la grandeur d'âme est un vain mot. »

Quoi qu'il en soit, l'*Univers* commettait d'ailleurs une inexactitude : il affirmait que la candidature de Mgr de Cabrières n'était qu'un ballon d'essai lancé par le groupe de la *Gazette de France* et sans la permission de l'intéressé. Or, on a vu plus haut que l'initiative de cette candidature avait été prise par la *Croix*.

La *Croix* avait-elle été autorisée à parler comme elle l'avait fait, ou avait-elle agi inconsidérément en engageant, sans son aveu, Mgr de Cabrières? La réponse à cette question se trouve dans une lettre de l'éminent prélat adressée à ce journal à la date du 8 décembre (1). Nous en reproduisons la partie essentielle :

« C'est de la *Croix* qu'était partie la première impulsion, à laquelle quelques électeurs de la 3e circonscription de Brest avaient obéi, en me faisant l'honneur de me demander de consentir à être proposé, par eux et chez eux, comme candidat à la députation.

« C'est à la *Croix* que je m'adresse pour décliner ces avances flatteuses que je dois écarter absolument. Je ne puis être candidat. .

(1) *Croix* du 11 décembre 1896.

« Soyez donc assez bon pour me servir d'intermédiaire auprès de ces messieurs, et priez-les de ne plus songer à moi. Je les remercie de la preuve de confiance qu'ils voulaient me donner, et j'adresse au Finistère, à cette portion si chrétienne de la vaillante Bretagne, le salut le plus sympathique et le plus respectueux. »

Il résulte des termes mêmes de cette lettre que des démarches avaient été faites par des électeurs du Finistère pour proposer la succession de Mgr d'Hulst à Mgr de Cabrières et que celui-ci n'avait point, tout d'abord, décliné ces ouvertures. A quelles causes fallait-il attribuer son changement de résolution ? La *Croix* les laissait pressentir en disant que « quelques esprits semblaient croire que S. G. Mgr de Cabrières apporterait au Parlement des idées contraires à celles du Souverain Pontife ; ils ne connaissent pas l'évêque de Montpellier, ajoutait-elle, il est et sera toujours avec le Pape. »

Candidat écarté.

On a raconté que, pendant que des électeurs du Finistère priaient l'évêque de Montpellier d'accepter d'être leur représentant, des personnalités sans mandat et sans attache avec la Bretagne avaient fait des tentatives, infructueuses d'ailleurs, auprès de plusieurs prélats acceptant notoirement la forme républicaine pour engager l'un d'eux à solliciter les suffrages brestois. Mgr de Cabrières aurait été mis au courant de ces tentatives ; de là son refus de se présenter : il ne pouvait supporter la pensée d'être mis en suspicion auprès des catholiques de la Bretagne.

Cependant l'incertitude ne pouvait durer et il fallait choisir un candidat. Plusieurs journaux mirent en avant le nom du R. P. Le Doré, supérieur général des Eudistes et président du Comité de protestation contre les lois d'accroissement. On parla aussi de M. César Caire, un jeune avocat très distingué du barreau de Paris ; de M. Le Guen, ancien sénateur du Finistère. Mais les journaux qui avaient fait échec à Mgr de Cabrières, devaient pour les mêmes motifs combattre ces candidats. L'affaire en était là, quand l'*Univers*, le 17 décembre, publiait la note suivante :

« On nous télégraphie de la troisième circonscription électorale de Brest qu'une réunion d'électeurs catholiques a été tenue hier pour délibérer sur le choix d'un candidat qui serait présenté ces jours-ci à une réunion générale.

« Un ecclésiastique a été désigné. »

Un Choix.

Quel était cet ecclésiastique ? Il semble que, comme dans les romans-feuilletons, on ait voulu piquer la curiosité du lecteur en remettant la suite à plus tard et en ne donnant pas immédiatement le nom de l'élu. Cette suite ne devait pas se faire attendre, car le lendemain le même journal complétait ainsi ses révélations :

« L'ecclésiastique choisi par la réunion préparatoire des électeurs de la troisième circonscription de Brest est M. l'abbé H. Gayraud, missionnaire apostolique.

« Il sera présenté mardi prochain au congrès qui se tiendra à Lannilis. »

On n'avait que peu de renseignements sur M. l'abbé Gayraud. On savait vaguement qu'il avait été professeur à l'Institut catholique de Toulouse et qu'il avait appartenu à l'ordre de saint Dominique; puis la robe blanche avait sans doute paru trop lourde à ses épaules; il s'était adressé au Saint-Père pour se faire relever de ses vœux monastiques et le R. P. Gayraud était devenu simplement l'abbé Gayraud. Les indiscrétions et les renseignements allaient bientôt venir sur lui et lui faire une véritable, sinon une enviable notoriété.

En attendant, on se demandait de quels éléments se composait cette réunion préparatoire qui offrait la succession de Mgr d'Hulst à un prêtre totalement étranger au pays, à ses mœurs, à ses coutumes, à ses aspirations. Avait-elle été formée uniquement, ainsi que l'affirmait un correspondant de la *Vérité*, de quelques recteurs, une faible minorité, ou bien fallait-il en croire l'*Univers*, qui prétendait que la réunion se composait principalement d'électeurs de la troisième circonscription appelés à s'occuper de droit de la question électorale et qui n'y avaient apporté ni préoccupations, ni esprit de parti? Ou bien encore avait-on le droit de penser que la candidature de M. l'abbé Gayraud avait été préparée à Paris et que la réunion de Lannilis s'était bornée à lui donner une sorte d'estampille pour la faire accepter dans le pays. Le doute était au moins permis en présence d'une note publiée par le journal de la famille Veuillot et dont voici la teneur (1):

« On prétend que nous avons présenté des candidats. C'est trop dire. De nous-même, nous en avons indiqué un seulement; il a été agréé, avec entrain, de nos correspondants. »

(1) *Univers* du 30 décembre 1896.

La question n'avait, d'ailleurs, qu'un intérêt secondaire, puisque la candidature de M. Gayraud pouvait fort bien n'être pas ratifiée par la réunion plénière de Lannilis. Un moment même, on put croire que cette réunion n'aurait pas à s'en occuper car, le *Figaro* affirmait le 20 décembre que « M. l'abbé Gayraud, candidat des démocrates chrétiens à la succession législative de Mgr d'Hulst, renonçait à se présenter. » Il ajoutait même que M. l'abbé Gayraud avait fait connaître sa résolution à S. E. le cardinal Richard, archevêque de Paris.

Candidat monarchique.

On annonçait en même temps la candidature de M. le comte de Blois. M. le comte de Blois, grand propriétaire dans le pays, ancien magistrat, décoré a l'âge de vingt-six ans pour sa belle conduite lors des troubles d'Aubin (Aveyron) avait des chances sérieuses de rallier les suffrages de tous les hommes d'ordre, du moment qu'on éprouvait des difficultés à s'entendre sur un candidat ecclésiastique. Certes, il eût pu se présenter sans répondant; son passé suffisait; il n'avait pas besoin d'être appuyé par aucun comité. Cependant il avait reçu l'investiture de 700 notables réunis le 24 décembre à Lannilis qui l'avaient recommandé au libre choix de leurs concitoyens. Il avait encore un autre titre qui eût dû lui assurer sans conteste les suffrages de tous les électeurs catholiques. Il avait été indiqué par Mgr Freppel comme son successeur éventuel (1) et il

(1) On lit dans la *Vérité* du 17 janvier 1897 :
« Nous sommes en mesure d'affirmer qu'en 1891, Mgr Freppel, de vaillante mémoire, dit un jour à M. le comte de Blois : Ma succession politique ne saurait tarder à s'ouvrir. Vous avez, plus que personne, qualité pour la recueillir. »

semble bien que c'eût été bien le cas d'appliquer l'adage si connu que le mort saisit le vif et lui transmet ses droits. Cependant l'*Univers* faisait des réserves et maintenait que M. l'abbé Gayraud ne renonçait pas à se présenter.

Tergiversations.

Ce journal était exactement renseigné, car il publiait le 27 décembre une lettre de son candidat dans laquelle celui-ci affirmait n'avoir fait aucune démarche en vue d'obtenir une invitation à briguer les suffrages des électeurs. La première offre de candidature, ajoutait-il, lui avait été adressée de Brest, où la pensée première en était née chez des personnes qui avaient lu ses articles sur les questions politiques et sociales ; cette offre lui avait été faite, alors qu'il n'y avait point de candidat catholique, Mgr de Cabrières ayant refusé. Il faisait enfin remarquer que la candidature de M. le comte de Blois était de huit jours postérieure à la sienne.

Cependant, la réunion des catholiques constitutionnels, qui devait se tenir à Lannilis, avait été ajournée *sine die* et les manœuvres qui avaient divisé les conservateurs se continuaient, au grand risque de compromettre le succès final de l'élection.

C'est alors que quelques personnes, dans un but d'union, songèrent au R. P. Charmetant, directeur des Ecoles d'Orient.

Le R. P. Charmetant pressenti avait déclaré ne pas poser sa candidature ; mais on m'a demandé, disait-il, l'autorisation de la soumettre à la prochaine assemblée de Lannilis en dehors de toute préoccupation de parti et sur le terrain purement catholique. Si l'assemblée qui seule a droit de la présenter croit ma présence utile à la Chambre... j'accepterai d'aller travailler au Parlement pour la cause de Dieu, de l'Eglise et de la France.

La candidature du R. P. Charmetant était accueillie avec une faveur marquée et on pouvait espérer que l'entente allait s'établir, car M. l'abbé Gayraud faisait savoir cette fois, « qu'il se retirait sans aucune peine, sans le moindre regret, de tout cœur devant le nouveau candidat » (1).

Le Décret de convocation.

Il était urgent de prendre un parti, car le décret convoquant les électeurs de la troisième circonscription de Brest pour donner un successeur à Mgr d'Hulst avait paru au *Journal officiel* du 2 janvier. Le scrutin était fixé au dimanche 24 du même mois.

Ajoutons qu'une dernière tentative avait été faite auprès de Mgr de Cabrières et qu'elle avait abouti à un résultat négatif. Deux prêtres du Finistère : MM. Cozic, curé-doyen de Lesneven et Stéphan, recteur de Pleounour-Trez, avaient essayé vainement de faire revenir l'évêque de Montpellier sur sa décision. Il ne pouvait en être autrement : pendant que s'accomplissait cette démarche, l'*Etoile de la Mer*, de Brest, journal des catholiques constitutionnels, faisait intervenir le nom du Saint-Père et déclarait que Léon XIII avait témoigné le désir qu'il n'y eût point, pour la lutte électorale prochaine, de candidature épiscopale. C'était par avance révoquer le mandat qui avait été confié à MM. Cozic et Stephan (2).

(1) *Univers* du 28 décembre 1896.
(2) *Croix*, 16 janvier 1897.

Mgr de Cabrières écarté par le moyen que nous venons de faire connaître, restaient alors, M. le comte de Blois et le R. P. Charmetant.

Une Investiture.

Mais M. l'abbé Gayraud n'avait fait qu'une fausse sortie; ou si, personnellement, il avait sacrifié ses ambitions politiques, ses amis qui avaient songé à le hisser sur le pavois n'avaient pas accepté son renoncement. Il est du moins permis de le supposer, car on apprenait, avec une certaine stupéfaction, que l'assemblée de Lannilis avait eu lieu le 8 janvier et que son choix s'était porté sur M. l'abbé Gayraud. L'investiture de cette assemblée ne parut point suffisante à celui-ci et il voulut obtenir celle de son concurrent, le R. P. Charmetant. Dès le lendemain, il lui adressait la lettre suivante (1):

Paris, 9 janvier.

« Mon très révérend Père,

« La Providence dispose les choses tout autrement que je ne l'avais prévu et souhaité.

« Deux dépêches parties de Brest, l'une hier au soir et l'autre ce matin, m'apprennent, à mon grand étonnement, qu'une réunion électorale de tout le clergé de la troisième circonscription, tenue à Lannilis, me renouvelle l'invitation de poser ma candidature à l'élection législative du 24 janvier.

« Dois-je me rendre à ces instances?

« Je vous en fais juge, mon très révérend Père.

(1) *Univers* du 11 janvier 1897.

Je me suis de tout cœur, et presque en hâte, retiré devant vous, afin que l'union des catholiques se fît sur votre nom pour la grande cause que vous représentez. Il arrive qu'en face du candidat royaliste, lequel n'a pas compris, ce semble, la haute portée de votre candidature, les électeurs catholiques s'unissent pour soutenir la cause dont on veut bien dire que je suis l'un des serviteurs, celle des directions politiques et sociales de Léon XIII.

« Dès lors je crois me conformer à vos sentiments et à vos déclarations, en acceptant avec simplicité la nouvelle invitation qui m'est faite.

« Voyez s'il ne serait pas bon que vous me disiez que j'agis en loyal soldat.

« Je suis avec respect et affection, mon très révérend Père, votre humble et tout dévoué serviteur en Jésus-Christ. »

Abbé M. Gayraud,
missionnaire apostolique.

Le R. P. Charmetant accordait le certificat que M. l'abbé Gayraud sollicitait de lui en des termes qui rendaient le refus ou même le silence difficile (1).

« Je suis le premier à me réjouir du revirement fait en votre faveur dans la dernière réunion électorale de Lannilis. Bien qu'on m'assure qu'elle n'est pas définitive, puisqu'elle sera suivie d'une assemblée plus importante qui doit avoir lieu mardi, je ne doute pas que vous soyez le candidat ecclésiastique désigné.

« En ce qui me concerne, je n'ai même pas à me retirer de la lutte, puisque je n'étais pas candidat, puisque j'avais simplement consenti à ce que mon nom soit proposé à l'assemblée électorale qui seule

(1) *Univers* du 11 janvier 1897.

a qualité pour présenter aux électeurs un candidat définitif.

« Exempt, je le répète, de toute ambition personnelle, si j'ai laissé mettre mon nom en avant, c'est parce qu'on m'assurait qu'il ferait plus facilement l'union nécessaire entre les catholiques, pour conserver au clergé de France, selon le vœu nettement exprimé par le duc d'Orléans lui-même, cette belle circonscription bretonne.

« Cette union si désirable, la presse catholique tout entière l'a faite sur mon nom, dès qu'il a été prononcé.

« Mais puisque c'est vous que l'assemblée de Lannilis a désigné comme candidat ecclésiastique, je suis heureux de rentrer dans le rang, et je fais des vœux pour votre succès, avec l'espoir que chacun comprendra les devoirs que lui impose, en cette grave circonstance, la discipline qui doit régner entre les catholiques.

« Veuillez agréer, monsieur l'abbé, la nouvelle expression de mon religieux dévouement. »

F. CHARMETANT,
Directeur général de l'Œuvre d'Orient.

La Scission.

Il faut donner ici un renseignement qui a son importance : il a été révélé par *la Croix* et aucun de ceux qui étaient intéressés à en contester l'exactitude n'a soufflé mot. La candidature du R. P. Charmetant avait été écartée sous prétexte que l'on voulait un candidat d'origine bretonne (1).

(1) *Croix* du 16 janvier 1897.

La confidence en avait été faite au P. Charmetant lui-même par les prêtres du diocèse de Quimper qui s'étaient rendus auprès de Mgr de Cabrières. Ainsi l'on écartait le R. P. Charmetant, parce qu'il était étranger au pays et l'on choisissait M. l'abbé Gayraud, né sur les bords de la Garonne!

M. le comte de Blois ne pouvait plus se retirer. Il maintenait sa candidature locale contre la candidature exotique de M. l'abbé Gayraud. Mais les partisans de celui-ci étaient arrivés à leurs fins : ils avaient consommé la division du parti conservateur, et cette division, qui était leur œuvre voulue et longuement préméditée, ils devaient par leurs procédés contribuer à l'accentuer dans la suite.

II

La Campagne électorale.

Le décret du 2 janvier avait officiellement ouvert la période électorale dans la troisième circonscription de Brest, mais, en fait, les hostilités étaient commencées depuis longtemps. C'est justice de reconnaître que les partisans de la candidature de M. l'abbé Gayraud avaient manœuvré avec une incontestable habileté.

Il leur avait fallu écarter la candidature de Mgr de Cabrières ; ils n'avaient pas hésité à répandre le bruit que Léon XIII ne voulait pas qu'un évêque recueillît la succession de Mgr d'Hulst (1). Contre le R. P. Charmetant, ils avaient objecté que l'éminent religieux n'était pas du pays qui avait à élire un député : on désirait un candidat local. A M. le comte de Blois qui habitait le pays, on fit un crime de son attachement à la monarchie. Restait M. l'abbé Gayraud : il était né à l'autre extrémité de la France, il n'était jamais venu en Bretagne ; qu'importe : ce fut lui qu'on choisit.

En sa qualité de fils de maréchal-ferrant, M. l'abbé Gayraud n'ignorait pas qu'il faut battre le fer pendant qu'il est chaud. Il avait compris, et ses partisans avaient compris avec lui, que M. de Blois, acclamé dans une réunion électorale de sept cents électeurs, pouvait, en sa qualité de Breton, se presenter avec avantage contre un étranger, désigné

(1 *Étoile de la mer* citée par la *Vérité* du 19 janvier 1897.

dans une autre réunion à peine aussi nombreuse. M. le comte de Blois était connu de la circonscription; il s'agissait de faire connaître l'abbé Gayraud; il s'agissait surtout de lui donner une nouvelle, une solennelle investiture. La réunion qui eut lieu à Lannilis le 13 janvier remplit ce but.

La Réunion de Lannilis.

L'*Étoile de la mer* nous a donné un compte rendu enthousiaste de cette réunion et nous ferons quelques emprunts à son récit. Remarquons d'abord qu'il était nécessaire de faire admettre que la réunion n'était pas convoquée uniquement dans l'intérêt de M. l'abbé Gayraud. Il ne faut donc pas s'étonner que le président M. Fortin, conseiller général de Ploudalmézeau, ait fait une déclaration que l'on peut ainsi résumer : M. l'abbé Gayraud ne veut pas s'imposer à nous; il vient s'expliquer devant nous. Quiconque aura des questions à lui poser n'aura qu'à s'adresser au président qui priera le candidat d'y répondre. Si d'autres candidatures se produisent, la parole sera donnée à tous avec la même impartialité, et à la fin de la réunion, le résultat sera fixé souverainement, suivant qu'il y aura lieu, par acclamation ou par un vote.

Ce qui ôte quelque valeur à cette déclaration, on peut dire à cette profession de foi, c'est que la réunion avait été faite sur invitations spéciales et l'on peut croire que les invitations n'étaient allées qu'à des électeurs dont on était absolument sûr. Aussi le président de la réunion avait pu être nommé à mains levées; c'est le seul vote qui ait été émis; il n'en a pas été besoin pour désigner l'abbé Gayraud comme candidat. Sa candidature, comme le dit l'*Univers*, a été acclamée par toute l'assistance debout (1).

Il y a aussi une autre raison qui a empêché les promoteurs de la réunion de faire procéder à un vote régulier pour le choix du candidat : ils redoutaient qu'un prêtre de la circonscription ne fût désigné.

Il serait injuste cependant de prétendre que le comte de Blois a été oublié dans cette réunion.

Discrètement, très discrètement on laissait entendre que si l'on choisissait comme député un homme tel que le comte de Blois on s'exposerait à une révolution ; or, une révolution ne va pas sans accroissement d'impôts. C'est la seule raison, la peur des impôts, qui avait fait de l'abbé Gayraud un républicain. Nous citons ses paroles :

« Tout à l'heure, je vous disais que j'accepte la République, c'est-à-dire le régime existant et constitué chez nous. Il y a une raison qui suffirait pour cela, c'est que toute révolution nouvelle se solde par un accroissement d'impôts. Les dépenses faites pour consolider un régime renversé sont irréparables; elles sont passées, elles aussi, à la dette *consolidée*; et le régime nouveau se met à faire des dépenses dans un sens différent pour se créer des fidèles. A travers toutes les révolutions il y a une chose qui subsiste : la centralisation, le fonctionnarisme. Louis-Philippe avait augmenté le nombre des fonctionnaires; le second Empire, pour vaincre, en créa davantage; la République, pour vaincre, en a créé encore plus. »

On ne saurait mieux dire que la République, qui devait tout réformer, a perpétué les abus qu'elle reprochait aux régimes précédents. Quand nous

(1) *Univers*, du 14 janvier 1897.

disons les régimes précédents, nous commettons une erreur dont a soin de nous avertir M. l'abbé Gayraud; il s'est trouvé un gouvernement qui a eu le courage de faire de la décentralisation et de pratiquer des économies : c'est le gouvernement de l'Assemblée nationale.

On ne niera pas que M. le comte de Blois ne soit un partisan du gouvernement tel que l'entendaient les hommes de 1871 et c'est après avoir rendu hommage à ceux-ci que M. l'abbé Gayraud proclamait que l'on ne saurait voter pour M. le comte de Blois. Il nous semble que la logique de M. l'abbé Gayraud n'est pas précisément d'accord avec celle de MM. de Port-Royal.

M. l'abbé Gayraud n'oubliait pas qu'après avoir parlé des intérêts généraux du pays, il était utile de dire un mot des besoins particuliers de la région qu'il aspirait à représenter. Il reconnaissait donc qu'il y a : des intérêts agricoles et il pourra les défendre, car il est né au milieu d'une population agricole ; des intérêts maritimes auxquels il est étranger ; mais il compte sur M. l'abbé Lemire pour le renseigner ; des intérêts ouvriers. Il ne s'en doutait pas avant de venir à Lannilis ; mais il vient de l'apprendre. Heureusement il est né dans un atelier et il s'approprie la parole de Térence, en la modifiant quelque peu : Rien de ce qui touche l'ouvrier ne saurait lui être étranger.

Le Candidat du Sacré-Cœur.

Ce n'était pas assez. Il fallait enlever les suffrages des catholiques de l'assemblée.

Aussi à la fin de son discours, M. l'abbé Gayraud fit, comme il le dit, une pieuse confidence à son auditoire. Ajouterons-nous qu'elle était intéressée ? En tout cas, la voici :

« Quand je reçus la première dépêche qui m'annonçait que l'on songeait à moi, c'était dans la sacristie de la basilique du Sacré-Cœur, en descendant de la chaire où je prêchais le jubilé national. Puis, à la maison des chapelains de Montmartre, un autre télégramme m'apporta la nouvelle, après ma messe, que l'on proposerait mon nom au congrès. Je crois que je ne désirais pas cet honneur et cette responsabilité. Le supérieur des chapelains, le P. Lemius, me dit: « Acceptez, l'événement est si étrange qu'il semble que ce soit la candidature du Sacré-Cœur. »

Des Bretons ne pouvaient évidemment pas refuser leur vote au candidat du Sacré-Cœur.

Le candidat du Sacré-Cœur ne pouvait se dispenser, malgré cette particulière et haute désignation, d'adresser une profession de foi à ses électeurs. Nous la reproduisons, parce qu'elle contient en substance les idées exposées par l'orateur de Lannilis :

« Electeurs,

« En me présentant à vous comme candidat à la députation, mon premier devoir est de joindre publiquement mes regrets aux vôtres et à ceux de toute l'Eglise de France, et de déplorer la mort de l'éminent prélat qui fut votre représentant à la Chambre, et dont je m'honore d'avoir reçu des marques particulières d'estime et de bienveillance.

« Par le choix si intelligent et si patriotique que vous avez fait, d'abord de Mgr Freppel, et puis de Mgr d'Hulst, pour être vos députés au Parlement, vous avez rendu illustre la troisième circonscription de Brest.

« Aussi est-ce un lourd fardeau que l'honneur auquel on m'a convié de solliciter vos suffrages. Je viens avec confiance dans cette catholique et hospitalière Bretagne, où le prêtre n'est jamais un étranger, et je m'adresse simplement à votre patriotisme et à votre foi.

« Electeurs,

« Vous avez le droit de connaître mes opinions politiques et sociales. Je vous les dis en toute franchise.

« Bien que je sois fier du glorieux passé monarchique de la France, cependant je ne puis désirer qu'une révolution nouvelle, faite pour restaurer une monarchie orléaniste ou impériale, vienne aggraver encore les charges déjà trop lourdes qui pèsent sur vous ; car, notre histoire en est la preuve, toute révolution se solde par un accroissement d'impôts.

« C'est donc sur le terrain constitutionnel que je me placerai loyalement et sans arrière-pensée pour soutenir en tout les droits sacrés de l'Eglise, revendiquer hautement les libertés méconnues ou violées de la conscience chrétienne, et réclamer avec énergie l'abrogation ou la revision des lois forgées contre les catholiques, spécialement contre les fabriques et contre les congrégations religieuses.

« Dans toutes les réformes politiques et sociales, je m'inspirerai des principes chrétiens sur l'organisation de la famille et de la société.

« Je veux que les droits des parents concernant l'éducation de leurs enfants soient respectés.

« Je veux une liberté d'association plus complète, afin que les syndicats soient plus capables de défendre les intérêts des travailleurs de la terre et ceux des travailleurs de la mer.

« Enfant du peuple, né dans un pays agricole, je sais ce que souffrent les travailleurs de la terre, et je soutiendrai de toutes mes forces leurs intérêts en demandant la diminution et la réforme de l'impôt, la protection des produits du sol national contre la concurrence étrangère, la répression de l'agiotage et des spéculations frauduleuses de la juiverie cosmopolite, le règlement de la question monétaire.

« J'étudierai aussi avec affection les besoins des populations de nos côtes. Ils seront l'objet constant de ma plus vive sollicitude. Je m'efforcerai d'améliorer le sort de ces héroïques travailleurs de la mer, et leurs intérêts seront les miens.

« Je suis partisan d'une réforme du suffrage universel, en vue d'obtenir la véritable représentation des intérêts réels du pays et la juste représentation des minorités.

« Je crois qu'il est nécessaire d'émanciper les départements et les communes. Je demanderai la décentralisation administrative.

« Electeurs,

« Si mes opinions sont les vôtres, si ma parole de prêtre et de Français vous inspire confiance, votez pour moi.

« Je me ferai un devoir de venir souvent au milieu de vous afin d'apprendre de vous-mêmes quels sont les besoins spéciaux et les véritables intérêts de cette belle partie de la vieille Armorique.

« Je tâcherai de les bien connaître et de mériter en les servant l'honneur de vous représenter.

« Ainsi nous travaillerons ensemble, dans la paix, au progrès politique et social de la démocratie française.

« Vive la Bretagne !

« Vive la France !

« Vive Jésus-Christ !

« H. GAYRAUD,
« *Missionnaire apostolique.* »

La Circulaire de M. le comte de Blois.

De son côté, M. le comte de Blois s'adressait en ces termes aux électeurs de la troisième circonscription de Brest :

« Electeurs,

« Pour me présenter à vous, je n'ai besoin de personne.

« Nous nous connaissons, vous savez qui je suis.

« Depuis de longues années je vis au milieu de vous ; j'ai la même foi que vous, les mêmes intérêts que vous.

« Si je me présente un peu tard, c'est que j'attendais la décision de Mgr de Cabrières, l'éminent évêque de Montpellier. Il refuse la candidature. La mienne reste seule. Lui et moi nous ne pouvions être concurrents.

« La troisième circonscription de Brest a toujours tenu à ne donner ses suffrages qu'à bon escient. MM. de Forsanz et de Kerjégu, pris parmi les hommes du pays, ont su s'appliquer fructueusement au service de vos intérêts et de vos besoins.

Mgr Freppel et Mgr d'Hulst, choisis en dehors de vous, en raison de leur caractère, de leurs mérites et de leurs vertus, vous ont permis de faire et de renouveler à la face du monde de superbes protestations de foi.

« Honneur à vous qui avez choisi de tels mandataires respectés et honorés de tous !

« Sans pouvoir me flatter d'être à la hauteur de tels prédécesseurs, je puis tout au moins vous donner l'assurance que je continuerai leur tradition.

« Comme MM. de Forsanz et de Kerjégu, je suis l'homme du pays.

« Comme NN. SS. Freppel et d'Hulst, je serai le *défenseur de la Foi.*

« Comme eux tous, j'ai des préférences pour la Monarchie constitutionnelle.

« Mes chers amis,

« Ce que je veux surtout, c'est être l'homme des intérêts du pays.

« Ce n'est pas chaque jour que j'aurai à soutenir les principes religieux, politiques et sociaux; mais c'est chaque jour que je devrai m'appliquer à la défense de vos intérêts. Mon incontestable avantage est de bien les connaître.

« Depuis que les circonstances m'ont fait briser ma carrière de magistrat, j'exploite directement mon sol. Je sais donc trop bien quelles sont les souffrances de l'agriculture. Mon attention en éveil se portera sur tout ce qui concerne cette question primordiale: impôt foncier, transports, admission temporaire, bimétallisme et Bourse de commerce. Je combattrai l'agiotage juif qui, à l'aide de puissants capitaux, capte, au détriment de la culture, le bénéfice de la fluctuation des cours.

« J'entends aussi m'appliquer à l'étude des questions de la navigation commerciale et des intérêts spéciaux des inscrits maritimes. Les pêcheurs des côtes peuvent compter sur moi.

« Pour ce qui est des intérêts locaux, mon concours leur sera acquis dans la plus large mesure. Au conseil général, j'ai appris à traiter, et j'ai eu la haute satisfaction de constater que les questions d'affaires, quand elles sont bien comprises, amènent aisément l'entente et priment les divergences d'opinions. Il suffit pour cela d'avoir, avec une juste appréciation des intérêts, de la largeur dans les vues. L'esprit de parti n'a rien à voir aux affaires.

« Electeurs!

« A la Chambre des députés je ferai toujours mon possible pour servir les hauts intérêts de notre patrie bien aimée.

« J'aurai toujours en vue la grandeur de la France et sa force. Je me souviens de nos revers. J'étais alors soldat!

« Quatre mots du reste résument ma pensée :

« *Doue hag ar vro!*

« Vive la France ! »

Est-il nécessaire de faire observer que M. le comte de Blois, en déclarant ses préférences pour la monarchie constitutionnelle, plaçait au-dessus de tout les intérêts de la patrie? de dire encore qu'il avait raison d'affirmer qu'il connaissait parfaitement les intérêts et les besoins de ceux dont il sollicitait les suffrages?

La différence des deux candidatures était nettement établie: l'une était une candidature locale, issue des entrailles mêmes du pays; l'autre était une candidature étrangère, implantée par surprise et qui eût surgi avec tout autant de raison dans n'importe quelle autre partie du territoire.

M. l'abbé Gayraud devait se contenter de promettre de venir souvent parmi ses mandants pour apprendre d'eux les besoins spéciaux et les véritables intérêts de cette belle partie de l'Armorique. M. le comte de Blois les connaissait, ces intérêts, et M. l'abbé Gayraud eût pu lui demander des leçons.

Invitation et refus.

Ce n'était pas précisément à cela que pensait ce dernier. Il brûlait bien du désir de se rencontrer avec son adversaire, mais c'était dans le champ clos des réunions publiques. Il écrivait donc à M. le comte de Blois, à la date du 14 janvier, pour l'informer que, « candidat catholique sans épithète », il l'invitait à une discussion contradictoire devant les électeurs de Saint-Renan, Ploudalmezeau et Lesneven.

M. le comte de Blois refusait cette invitation et il en donnait une double raison qu'auraient dû comprendre et approuver ses adversaires. Après avoir constaté que ces réunions publiques ne peuvent qu'exciter le corps électoral, il ajoutait :

« Il est au contraire très désirable qu'il se prononce froidement pour l'un ou l'autre de nos programmes. Il y a donc avantage à ce que nous les développions successivement et posément. J'ajoute que je regretterais toute riposte qui, sous l'aiguillon de la contradiction, pourrait paraître un peu vive. Je veux ne jamais me départir du respect que j'ai toujours eu pour la robe que vous portez. »

M. le comte de Blois se dérobe, ont dit les partisans de l'abbé Gayraud, à la lecture de cette lettre. A qui fera-t-on croire qu'un ancien magistrat, un ancien procureur, ait eu peur d'une discussion publique? Il eût été à souhaiter au contraire que M. l'abbé Gayraud eût toujours eu pour la soutane du prêtre ou pour la robe du religieux le respect dont faisait preuve M. le comte de Blois. Il y a bien des scandales qui ont été mis au jour et qui seraient restés ensevelis dans l'ombre et le silence.

Mais nous ne voulons pas nous laisser entraîner ; il nous faut suivre la marche des faits. Pour l'instant, M. l'abbé Gayraud n'avait qu'un seul but, se mettre en évidence et appeler l'attention sur lui.

III

Avertissements méprisés.

Nous aurons l'occasion, en poursuivant ce récit, de raconter ce que furent ces scandales; nous ferons, dans la mesure du possible, la part de l'exagération, de la vérité et de l'erreur. Nous nous bornerons à dire, pour le moment, que la personnalité de M. l'abbé Gayraud fut très discutée et que certaines imprudences de sa part, soit dans ses paroles, soit dans sa conduite, donnèrent lieu à des polémiques passionnées. Il eût été, certes, facile de les éviter, si les promoteurs de sa candidature avaient voulu suivre les conseils de prudence qui leur avaient été plus d'une fois donnés. Mais ils ne voulaient pas être éclairés.

C'est ainsi que « saisi d'une communication importante et autorisée au sujet de M. l'abbé Gayraud, nous avons cru, écrivait M. Auguste Roussel dans la *Vérité* du 24 janvier, devoir en conscience prévenir de cette communication M. l'abbé Ollivier, curé de Lannilis, désigné lui-même par M. l'abbé Gayraud, comme la personne devant laquelle pouvaient le mieux être produits les documents concernant sa candidature ; nous avons reçu la dépêche que voici : « Lannilis 22 janvier 6 h. 5 soir. Aucune confiance en votre dépêche ni journal. Ollivier, curé. »

Nous admettrons que la communication de la *Vérité* pouvait paraître suspecte à M. l'abbé Ollivier, l'un des parrains de la candidature de l'abbé

Gayraud, puisqu'elle émanait d'un adversaire; mais était-ce une raison pour l'écarter *a priori*, sans examen? On peut ajouter que l'auteur de la communication, M. Auguste Roussel, rédacteur en chef de la *Vérité*, à cause des services qu'il a rendus à la cause catholique méritait d'être traité avec un peu plus d'égards et que son témoignage n'aurait pas dû être écarté d'une aussi cavalière façon.

M. l'abbé Ollivier a dû le regretter plus tard.

La fin de non-recevoir qu'il opposait était d'autant plus extraordinaire que M. Roussel n'était pas le seul à mettre M. l'abbé Ollivier en garde contre un emballement absolument injustifiable. Le curé d'une des paroisses les plus importantes, pour ne pas dire de la paroisse la plus importante du Finistère, avait pris connaissance du dossier de M. l'abé Gayraud et avait averti M. l'abbé Ollivier que son candidat avait un passé qui n'était pas absolument irréprochable.

Mais M. l'abbé Ollivier était alors en pleine bataille électorale, il s'était engagé à fond et il lui était sans doute difficile de reculer : sa retraite eût été un désastre pour M. l'abbé Gayraud.

De cette lutte, il nous paraît opportun de dire peu de chose. Ce ne serait rien apprendre au lecteur que d'affirmer ici qu'elle fut violente, passionnée. Les adversaires de M. le comte de Blois le présentaient comme un mauvais catholique, comme un rebelle, faisant alliance avec les pires ennemis de la religion, dans le but d'obtenir leurs suffrages (1). On prétendait que les instituteurs laïques faisaient campagne pour lui; on affirmait que l'administration désirait son succès, par crainte de l'influence considérable que ne manquerait pas de prendre, dès son entrée à la Chambre, M. l'abbé

(1) *Etoile de la Mer*, citée par l'*Univers* du 22 janvier 1897

Gayraud, dont l'éloquence avait enthousiasmé les auditeurs de Lannilis et qui accomplissait chaque jour, au dire de ses partisants, des merveilles dans toutes les réunions publiques.

Un Certificat.

Il serait injuste de méconnaître le talent de M. l'abbé Gayraud, mais nous sommes bien persuadés que ce n'est pas aux qualités oratoires dont il a pu faire preuve, pendant la campagne électorale, qu'il a dû son succès.

Ses amis connaissaient bien les ressorts puissants dont il fallait se servir pour arriver à l'imposer aux populations catholiques de la Bretagne et ils ne se firent pas faute d'en user. Il ne suffisait pas que M. l'abbé Gayraud fût le candidat du Sacré-Cœur; il fallait encore dire et faire dire qu'il avait une mission providentielle à remplir et que c'était même pour répondre plus sûrement aux vues de la Providence qu'il avait quitté l'ordre des Dominicains. M. l'abbé Gayraud écrivait à ce sujet une lettre adressée aux curés des paroisses et aux électeurs de la troisième circonscription de Brest. Nous y lisons :

« Lorsque je sortis de l'ordre des Dominicains, voici en quels termes me parla le vicaire provincial de la province de Toulouse :

« Cher Père, vous paraissez avoir une mission providentielle à remplir dans la lutte engagée sur le terrain des questions politiques et sociales. Pour remplir cette mission, vous seriez gêné en restant chez nous. Faites donc comme le R. P. de P... et séparons-nous amicalement.

« Si j'ai une mission providentielle à remplir, l'élection du 24 janvier le dira peut-être, et cette réponse aussi sera providentielle, car, vous le savez bien, ce n'est pas moi qui suis venu à vous, c'est vous qui m'avez appelé à l'honneur de porter contre les adversaires des directions pontificales le drapeau de Jésus-Christ.

« Voilà, mes chers amis, la cause première, la cause unique de ma sortie de l'ordre des Dominicains (1). »

Dans les réunions, M. l'abbé Gayraud se donnait pour le candidat du Souverain Pontife. Le renseignement nous est donné par le *Temps* (2). Ce journal rendant compte d'une réunion publique à Saint-Renan écrivait :

« L'abbé Gayraud déclare tout d'abord regretter l'absence de M. de Blois, puis *il donne connaissance d'un télégramme de Rome par lequel M. Léon Harmel l'avise que les cardinaux Agliardi et Vannutelli font des vœux pour le succès de sa candidature.* Développant ensuite son programme, il assure les électeurs qu'il marchera sur les traces de l'abbé Lemire. »

Voici le texte de ce télégramme :

Rome, 14 janvier, 8 h. 5, s.

L'assemblée des études sociales réunies pour entendre M. le chanoine Dehon, groupant chez les Pères Assomptionnistes, nombre de notabilités ecclésiastiques, comptant trois cents auditeurs et présidée par les Eminentissimes cardinaux Vannutelli et Agliardi, envoie un salut cordial à M. l'abbé Gayraud, acclamé comme candidat fidèle aux directions pontificales. Elle forme des vœux ardents pour son succès.

BAILLY, DEHON, HARMEL.

(1) *Univers*, 20 janvier 1897.
(2) Cité par la *Vérité* du 19 janvier 1897.

Une Mise au point.

Or, si l'on veut savoir ce qu'il faut penser au juste de ces témoignages, il est nécessaire de consulter le *Moniteur universel*, numéro du 21 janvier, qui publie les lignes que voici :

« Nous recevons de Rome, à propos d'un incident exploité par les partisans de la candidature de M. l'abbé Gayraud, la communication suivante, qui émane d'une source absolument sûre :

Rome, 18 janvier 1897.

« Une dépêche envoyée à l'*Univers*, le 15 janvier dernier, a signalé une réunion tenue chez les Pères Assomptionnistes, sous la présidence, était-il dit, de deux cardinaux romains, et dans laquelle la candidature de l'abbé Gayraud avait été acclamée.

« En ce qui touche la nouvelle contenue dans ce télégramme qui a causé ici un grand étonnement, je puis vous affirmer les trois faits suivants :

« 1° Les deux cardinaux qui assistaient à la conférence du chanoine Dehon ne s'étaient rendus chez les Pères Assomptionnistes que pour entendre une étude sociale et n'avaient pas le moindre soupçon qu'une question électorale française y serait soulevée. Ce fut pour eux une véritable surprise.

« 2° Le conférencier sentit si bien l'embarras de la situation, qu'il crut devoir, pour justifier son excursion sur le terrain électoral, invoquer la présence d'une majorité de Français dans l'assemblée.

« 3° Après la conférence, le Père Bailly, ayant réuni autour d'une légère collation les notabilités présentes, au nombre d'une quarantaine environ, le cardinal Vincenzo Vannutelli prit la parole. Il fit remarquer au chanoine Dehon qu'il avait eu bien raison d'insister sur le fait qu'il parlait devant une réunion en majorité française, des cardinaux romains, bien que fidèles comme ils le doivent aux directions pontificales, n'entendant faire aucune manifestation, ni se prononcer pour aucun candidat, quel qu'il fût.

« Les renseignements que je vous transmets me viennent d'un témoin, et vous pouvez considérer tout démenti comme sans valeur. »

Sans doute, le *Moniteur universel* défendait la candidature de M. le comte de Blois, mais le démenti qu'il sollicitait n'est pas venu. Il faut donc tenir pour exacte la version qu'il donne.

Il y a ici une observation qu'il importe de présenter. Les adversaires de M. le comte de Blois portèrent la lutte uniquement sur le terrain politique. Les attaques contre M. l'abbé Gayraud furent surtout personnelles. D'où vient cette différence? C'est que la personnalité du comte de Blois était absolument inattaquable. C'était l'homme du devoir, le pratiquant jusqu'au péril de sa vie. Il l'avait bien montré à Aubin (1), où il avait défendu contre des énergu-

(1) Le *Moniteur universel* du 16 janvier 1897 a reproduit un article du *Journal de l'Aveyron* qui a rappelé la conduite tenue en 1869, lors des troubles sanglants d'Aubin, par M. le comte de Blois, alors substitut à Villefranche. Voici cet article :

« Vers les trois heures, les grévistes se rapprochèrent des bureaux; cinq ou six cents hommes, qui semblaient suivre une cinquantaine de meneurs, étaient groupés devant ce bâtiment. Le nombre des femmes mêlées aux ouvriers était au moins aussi considérable, ce qui porte à mille ou douze cents le nombre des personnes réunies en ce lieu.

« Des efforts furent encore faits par M. le sous-préfet de Saint-Aulaire, et M. le substitut de Blois, pour calmer la foule, mais ces tentatives furent inutiles. M. de Saint-Aulaire, qui était sorti pour parler aux ouvriers, fut tout d'un coup violemment repoussé ; malgré les efforts énergiques de quelques gendarmes, quatre ou cinq, dit-on, et du

mènes l'ingénieur des mines menacé de mort. La croix de la Légion d'honneur avait été la récompense de son dévouement (1). Il avait alors à peine vingt-six ans. M. de Blois était entré de bonne

commissaire de police, la foule pénétra et s'empara de M. Tissot. Alors commença une scène indescriptible. L'ingénieur fut enlevé, bousculé, au milieu des cris et des vociférations, ses habits furent en un instant mis en lambeaux. Quelques hommes courageux essayaient vainement de le défendre et de l'arracher des mains des ouvriers. Parmi eux il faut citer en première ligne M. de Blois, qui a été pendant toute cette scène tiraillé et entraîné par les émeutiers en essayant de protéger M. Tissot.

« A l'audience du tribunal correctionnel de Villefranche, le 9 novembre 1869, le procureur impérial, dans son réquisitoire contre les agresseurs de M. Tissot, rendit ce témoignage public à M. de Blois :

« Je n'avais pas parlé de M. de Blois, mon substitut, qui a eu le périlleux honneur d'être à son poste et de s'y maintenir avec un calme, une abnégation de sa personne qui lui ont valu des félicitations auprès desquelles les miennes sont bien faibles. Le chef de la magistrature l'a complimenté de son énergique attitude et du secours qu'il a porté à un homme qu'il ne connaissait pas, mais qui n'était plus, pour son mâle courage, qu'une victime à défendre. »

(1) Voici en quels termes le *Rouergue* du 2 janvier 1870 annonçait à ses lecteurs la nouvelle de la décoration de M. le comte de Blois :

« M. de Blois, substitut près le tribunal de Villefranche, vient de recevoir la croix de la Légion d'honneur, à raison de sa belle conduite dans les douloureux événements du Gua, commune d'Aubin, au mois d'octobre dernier. Jamais cette haute récompense n'aura été mieux méritée et ne sera plus chaudement ratifiée par l'opinion publique. Le courage et le sang-froid montrés par ce jeune magistrat, dans cette redoutable émeute, courage et sang-froid qui ont sauvé la vie de M. Tissot, ingénieur, et empêché sans doute bien d'autres excès, sont présents en France à toutes les mémoires.

« C'est là un beau début dans la magistrature ; et comme M. de Blois possède, en outre, toutes les qualités d'un magistrat distingué, l'avenir lui réserve une brillante carrière. »

heure dans la vie publique. Il en était sorti une première fois en 1870. A l'annonce de nos revers, il avait sans hésitation quitté la robe du juge pour endosser la tunique du soldat et défendre le sol de la patrie violé par l'Allemand. Plus tard, après avoir donné la preuve comme on vient de le voir, qu'il savait allier le courage civil au courage militaire, il était revenu au milieu de ses concitoyens. Tous le connaissaient. Lorsqu'il s'était décidé à solliciter leurs suffrages, les hommes les plus considérables du pays, M. Emile Villiers, député, M. Audren de Kerdrel, sénateur, étaient venus lui apporter spontanément le témoignage de leur sympathie et leurs vœux pour son succès. Du moment qu'on lui opposait un concurrent, un homme qu'on avait préféré à Mgr de Cabrières, il était assez juste que l'on cherchât à se renseigner sur le compte de ce concurrent et à savoir ce qu'il était.

Conseils de prudence.

Ce fut de Toulouse que commença à venir la lumière. L'*Express du Midi*, reproduit par le *Moniteur universel*, numéro du 19 janvier, s'étonnait de l'engouement dont on faisait preuve à l'égard de M. l'abbé Gayraud et il donnait ce sage avertissement :

« Il s'agit ici de donner un représentant au clergé français au Parlement.

« Et l'on se borne à crier : « Vive Gayraud ! » en affectant de ne point entendre les conseils de prudence qui arrivent de toutes parts.

« Or, que disent les conseillers qui ne puisse et ne doive au moins être écouté?

« Ils disent une chose fort sage et fort simple :

« Avant de vous engager à fond et d'engager le

clergé français, informez-vous donc de ce que fut l'abbé Gayraud, de ce qu'il est encore à cette heure.

« Interrogez ses anciens supérieurs. Ce sont des religieux dignes de toute confiance, incapables de dénigrer, de calomnier l'abbé Gayraud.

« Demandez-leur pourquoi ils furent obligés de déclarer que le P. Gayraud manquait de vocation?

« S'il est sorti volontairement de l'ordre de saint Dominique, ou s'il en est sorti sur l'injonction de ses supérieurs?

« Demandez également à l'abbé Gayraud de vous apporter de leur part une lettre le recommandant aux suffrages des électeurs catholiques du Finistère.

« Est-ce bien difficile, tout cela? »

Non certes, cela n'était pas difficile ; mais on jugeait inutile de le faire et l'on s'en rapportait au témoignage de l'intéressé qui se déclarait pur de tout soupçon et faisait appel au témoignage de ses supérieurs. Ceux-ci n'allaient pas tarder à répondre.

IV

Une Mission providentielle contestée.

Les supérieurs de M. l'abbé Gayraud, ceux qui l'avaient connu alors qu'il faisait partie de l'ordre de saint Dominique, ignoraient le premier mot de la mission providentielle dont il se prétendait investi. Voici, en effet, ce que le journal la *Vérité* publiait dans son numéro du 23 janvier :

« Aux termes d'une lettre que nous recevons de Toulouse, nous sommes autorisés à déclarer que le R. P. provincial des Frères Prêcheurs s'inscrit en faux contre la double assertion de l'abbé Gayraud qui prétend qu'on lui aurait conseillé de rentrer dans le clergé séculier, afin de remplir plus facilement une mission soi-disant providentielle, et qui invoque nous ne savons quel témoignage pour établir qu'au point de vue de la conduite, il n'a jamais donné prise à l'ombre d'un soupçon de légèreté.

« Si les partisans de M. l'abbé Gayraud en doutent, qu'ils s'adressent à l'évêché de Quimper, où ils pourront constater que nous ne disons rien de trop. »

Mais cette note paraissait à la veille de l'élection et ne pouvait avoir aucune influence sur le résultat du scrutin. Les électeurs catholiques de la troisième circonscription devaient déposer leur bulletin avec la persuasion qu'en votant pour M. l'abbé Gayraud, ils votaient pour le seul candidat qui fût réellement catholique ; ils votaient avec la certitude qu'ils allaient fournir à M. l'abbé Gayraud le moyen de remplir sa mission providentielle; ils votaient contre M. le comte de Blois, quoique celui-ci se fût déclaré le défenseur de la foi, quoiqu'on ne pût rien articuler contre lui, parce qu'on avait répété, écrit à satiété qu'il était un rebelle, un réfractaire, et que tous ses partisans étaient, comme lui, des rebelles, des réfractaires !

Nous devons constater que ces accusations n'étaient pas seulement portées dans la presse parisienne; elles étaient reproduites par les journaux locaux : le *Courrier du Finistère* et l'*Etoile de la Mer ;* or, quoi qu'en ait dit l'*Univers* du 19 janvier, le rôle de la presse — nous entendons le rôle de la presse locale — devait avoir, dans les circonstances particulières de la lutte, une réelle importance.

La presse locale ne se gênait pas non plus pour déclarer que M. le comte de Blois était un candidat monarchiste anticlérical. Il ne s'agissait point d'après elle d'une simple compétition engagée entre deux candidats catholiques, mais d'une lutte engagée contre les catholiques avec le concours de leurs pires ennemis (1). On affirmait que M. le comte de Blois avait demandé appui aux opportunistes et aux ennemis de la religion.

Le *Courrier du Finistère*, notamment, publié en breton fut répandu à profusion dans toute la circonscription électorale. Il multipliait ses attaques contre M. le comte de Blois. Comme il n'y était pas répondu, nombre de catholiques finirent par se tenir ce raisonnement :

« Puisque M. le comte de Blois ne donne aucun démenti au *Courrier*, c'est que ce journal dit la vérité. »

On tirait aussi grand parti dans les campagnes

(1). *Etoile de la Mer* citée par l'*Univers* du 22 janvier 1897.

de la dépêche signée de M. Harmel, du chanoine Dehon et du R. P. Bailly dont nous avons parlé plus haut. Ne fallait-il pas travailler au succès du « seul candidat des directions pontificales » succès souhaité par les cardinaux Agliardi et Vannutelli? On se gardait bien d'expliquer par quel subterfuge une assemblée, qui devait s'occuper uniquement d'études sociales, s'était tout à coup transformée en une sorte de réunion électorale, à la grande surprise et au grand déplaisir des deux princes de l'Eglise qui la présidaient.

On faisait enfin valoir aux électeurs que, dans leur intérêt personnel, il fallait voter pour M. l'abbé Gayraud. Républicain, il pouvait beaucoup mieux que son concurrent obtenir des faveurs des républicains au pouvoir.

Le Scrutin.

M. le comte de Blois n'ayant dans le pays aucun journal qui prît sa défense, s'étant d'ailleurs interdit de paraître dans les réunions publiques où M. l'abbé Gayraud exposait ses idées et son programme, pour les motifs parfaitement respectables que nous avons fait connaître, courait le grand risque d'être battu (1).

(1) M. l'abbé Gayraud ne paraissait qu'aux réunions publiques organisées par les défenseurs de sa candidature. Le *Moniteur universel* du 24 janvier 1897 publie, en effet, la dépêche suivante reçue de Brest :

« Les royalistes avaient organisé à Lannilis une réunion publique et contradictoire avec l'intention de poser à M. l'abbé Gayraud quelques questions sur sa sortie de l'ordre de saint Dominique et sur un procès qui a eu un certain retentissement à Toulouse. M. l'abbé Gayraud n'est pas venu à la réunion.

« Les cinq cents électeurs présents ont acclamé le comte de Blois. »

Il le fut en effet. Voici comment se répartirent les suffrages dans la journée du 24 janvier, date de l'élection :

Inscrits : 17.669. — Votants : 13.584.

MM.	l'abbé Gayraud, catholique...	7.233	Elu.
	le comte de Blois, monar....	5.980	
	le docteur Loysel, opport....	154	
	Divers.....................	61	

Les catholiques républicains triomphaient avec M. l'abbé Gayraud. Il ne nous paraît pas utile de reproduire les chants de victoire qu'ils entonnèrent à cette occasion. Disons simplement qu'ils auraient battu un candidat radical ou socialiste qu'ils n'auraient pas montré plus de joie. Victoire! Vive Dieu! par Gayraud, télégraphiait ironiquement à la *Vérité* M. l'abbé Ollivier, vicaire. Cette joie était certainement excessive et les journaux républicains, défenseurs des lois sectaires et athées, se chargèrent de leur démontrer que leur victoire était moins importante qu'ils ne se l'imaginaient. La journée n'a pas été mauvaise pour nous, écrivait le *Radical*, et la *France* donnant le commentaire de cette phrase du *Radical* disait :

« L'abbé Gayraud n'est pas de nos amis; il y a même lieu de penser que, sur la plupart des questions, nous ne serons jamais d'accord.

« Mais il arrache à la réaction monarchique une de ses forteresses.

« Il représente une doctrine, non un régime.

« Le successeur de l'évêque royaliste d'Angers, le successeur du confesseur du Comte de Paris, est un républicain.

« Pour le moment, cela seul nous cause une réelle satisfaction.

« La brèche est faite dans une des plus solides citadelles de la réaction.

« Voilà le seul résultat à retenir de cette élection. »

Ainsi, par un phénomène vraiment extraordinaire, les journaux radicaux se montraient tout aussi enchantés de l'élection de M. l'abbé Gayraud que les organisateurs de sa candidature. Ceux-ci n'ont pas pu ne pas faire cette constatation. Comment ne les a-t-elle pas engagés à mettre une sourdine à leur triomphe? Nul ne le célébra, ce triomphe, avec plus d'enthousiasme que le vainqueur lui-même. Voici en quels termes débordants de lyrisme il remerciait ses électeurs :

Les Remerciements.

« Mes chers amis,

« Vous avez vaincu, je vous félicite de cette victoire remportée par votre patriotisme et votre foi. C'est en vain que l'on a formé contre nous la coalition de l'orléanisme réfractaire et de l'anticléricalisme maçonnique. C'est en vain qu'on a déclaré que tous les moyens étaient bons pour me combattre et qu'on a agi d'après cette maxime indigne de chrétiens et d'honnêtes gens.

« Vous avez serré vos rangs autour de la Croix du Christ, sur le terrain où la voix de Léon XIII appelle les catholiques français ; vous avez eu confiance dans la parole d'un prêtre, enfant du peuple, fils d'ouvrier, qui s'est rendu à votre appel pour porter devant vous le drapeau de la démocratie chrétienne.

« Léonards, cette victoire est glorieuse et pour vous et pour moi. Désormais, je vous appartiens. Votre pays est mon pays. Vos intérêts sont mes intérêts. Avec l'aide de Dieu, je ne tromperai pas votre espoir. Ce sera la vengeance que je tirerai de mes adversaires. Je les forcerai à dire un jour, pour mon honneur et pour le vôtre : « Ces fiers Bretons ont bien choisi ! »

« Vive la Bretagne ! Vive la France ! Vive Jésus-Christ ».

« Abbé Gayraud,
« Missionnaire apostolique,
député du Finistère. »

V

Un Démenti.

M. l'abbé Gayraud était heureux d'être élu député et sa satisfaction se manifestait d'une manière naïvement orgueilleuse comme on vient de le voir. Ces fiers Bretons ont bien choisi, disait-il : c'était son sentiment à lui, mais était-ce le sentiment de ceux qui pouvaient rendre témoignage de lui? On se souvient qu'au cours de la lutte électorale, il s'était réclamé d'eux. Ils avaient gardé le silence; ils n'avaient pas cru devoir jeter dans la balance le poids de leur autorité. Il fallut une nouvelle invite de l'élu de la troisième circonscription de Brest pour les obliger à entrer dans la lice; leur intervention devait prouver que M. l'abbé Gayraud, sous le rapport de la dignité de la vie, de la correction de la conduite, n'était pas le successeur qu'on eût pu souhaiter à Mgr Freppel et à Mgr d'Hulst.

« M. l'abbé Gayraud, écrivait le R. P. Gallais, provincial des Frères Prêcheurs de Toulouse, prétend qu'on lui aurait conseillé de rentrer dans le clergé séculier afin de remplir une mission soi-disant providentielle et il invoque je ne sais quel témoignage pour établir qu'au point de vue de la conduite, il n'a jamais donné prise à l'ombre d'un soupçon de légèreté.

« Comme provincial de la province dominicaine de Toulouse, ma conscience me fait un devoir de m'inscrire en faux contre cette double assertion.

J'écris donc à S. Gr. Mgr l'évêque de Quimper pour lui dire simplement la vérité sur ces deux points (1).»

Il y a deux points à relever dans cette protestation. Le R. P. Gallais affirme que M. l'abbé Gayraud avait tout au moins commis des imprudences, puisque sa conduite avait donné prise au soupçon, puisque M. l'abbé Gayraud était sorti de l'ordre des Dominicains pour tout autre chose que pour remplir une mission providentielle.

Les imprudences de M. l'abbé Gayraud? Nous touchons à une question délicate sur laquelle nous nous reprocherions de nous appesantir. M. le comte de Blois refusait de se rencontrer dans les réunions publiques avec l'ex-dominicain, dans la crainte qu'une réplique un peu vive ne le fit accuser d'oublier le caractère sacré dont était revêtu son concurrent. M le comte de Blois marquait ainsi à la discussion, des limites que, pour notre part, nous ne voulons pas franchir. Du reste, nous publions plus loin une lettre du R. P. Gallais qui, malgré les réserves qn'elle contient, nous semble suffisamment explicite.

Disons seulement que la conduite de M. l'abbé Gayraud avait donné prise à l'accusation de légèreté, parce qu'il avait assisté une parente dans une action en divorce qui avait été intentée à celle-ci. Que M. l'abbé Gayraud ait été imprudent et rien qu'imprudent, nous le voulons croire, mais n'était-ce pas déjà trop?

La Réponse de M. l'abbé Gayraud.

Quoi qu'il en soit, il ne pouvait rester sous le coup de la lettre du R. P. Gallais et il répliquait :

(1) *Vérité* du 29 janvier 1897.

« De deux choses l'une : ou vous êtes prêt à soutenir le double démenti que vous croyez devoir m'infliger, ou vous ne l'êtes pas.

« Dans le premier cas, qu'attendiez-vous à démasquer un prêtre que vous semblez croire indigne?

« Dans le second, de quel droit parlez-vous aujourd'hui?

« Je maintiens contre vous, et preuves en main, ces deux faits :

« 1° C'est sur l'invitation du R. P. Mas, alors vicaire provincial de notre province pendant que vous étiez en cours de visite au Brésil, que j'ai demandé ma sécularisation. Et cette invitation m'a été faite dans les propres termes que j'ai rapportés.

« Le R. P. Hyacinthe Lacomme, alors prieur de Toulouse, fut témoin de l'émotion vive que me causèrent ces paroles du R. P. Mas et c'est lui qui m'autorisa à me rendre à Castelsarrasin afin d'y prendre conseil de mes amis. Ceux-ci sont prêts à rendre témoignage; en particulier, M. l'archiprêtre de Castelsarrasin qui fut chargé ensuite par le R. P. Lacomme d'insister auprès de moi pour me faire retirer ma demande de sécularisation.

« 2° C'est le R. P. Lacomme qui a rendu de moi à Mgr de Montauban le témoignage que j'ai cité et qui est même beaucoup plus explicite. Vous-même, dans une circonstance que je n'ai pas oubliée, avez autorisé expressément mes rapports avec cette parente, dont de misérables adversaires tentent de souiller l'honneur en m'ôtant le mien. »

La Justification du R. P. Gallais.

La raison du silence du R. P. Gallais se laisse facilement deviner. Le R. P. Gallais, par charité chrétienne, n'avait pas à dévoiler les légèretés ou les imprudences commises par M. l'abbé Gayraud; il n'a parlé que le jour où ce dernier, faisant appel au témoignage de ses supérieurs, a semblé vouloir solidariser sa cause avec la leur. C'était là une prétention qu'ils ne pouvaient admettre et ils ont dit, alors par l'organe du R. P. Gallais, ce qu'il leur était possible de dire. Celui-ci d'ailleurs avait, peu de jours après sa première lettre, pris soin d'indiquer dans quel esprit il avait parlé :

« Je ne suis point, écrivait-il au *Figaro*, qui s'était fait le défenseur de l'ex-dominicain, l'adversaire de M. l'abbé Gayraud; je n'ai contre lui aucune animosité et je n'en veux nullement à son honneur de prêtre. S'il avait laissé dans l'ombre son passé religieux ou s'il n'avait pas essayé de se prévaloir de l'autorité de ses anciens supérieurs pour étayer sa nouvelle situation, je l'aurais laissé poursuivre en paix sa campagne électorale et mon nom ne serait jamais venu l'importuner sur son banc de député. »

Le R. P. Gallais expliquait ensuite que, s'il n'était intervenu qu'après le scrutin, c'est qu'il ne s'agissait pas pour lui d'intérêts électoraux. La question est tout autre.

« Ce que je veux, disait-il, c'est que l'ordre de saint Dominique ne soit pas censé se porter garant du passé de l'abbé Gayraud sous le rapport de la conduite. »

Et, précisant sa pensée, lui donnant pour ainsi dire une rigueur mathématique, il ajoutait :

« En refusant de m'associer à ceux qui ont pu donner à M. l'abbé Gayraud un certificat de bonnes vie et mœurs, je n'attaque point son honneur sacerdotal, car il ne me convient pas de me faire son accusateur. Mais entre accuser et se porter garant il y a un moyen terme, c'est de se récuser, c'est tout ce que je puis faire dans le cas de M. Gayraud. »

Le R. P. Gallais adressait en outre à M. l'abbé Gayraud une lettre qui n'était que la confirmation de celle que l'on vient de lire. Il est toutefois utile d'en détacher quelques passages pour montrer que le vénérable religieux avait pleine autorité pour parler comme il le faisait et qu'il pouvait juger l'abbé Gayraud en pleine connaissance de cause :

« Je vous ai connu dès votre entrée au noviciat et c'est entre mes mains que vous avez prononcé vos vœux solennels. Pendant cinq ans, j'ai été votre prieur, au couvent de Salamanque, en Espagne, et ensuite j'ai eu à vous gouverner comme provincial, pendant les trois dernières années que vous avez passées dans l'ordre de saint Dominique. Enfin, je n'étais pas au Brésil, je me trouvais au couvent de Toulouse, le soir où vous êtes venu, tout tard, signer cet acte que Pie IX qualifiait, vous vous en souvenez sans doute, d'un mot effrayant.

« En raison de la charge de provincial que je continue à exercer dans la province à laquelle vous avez appartenu et à cause des rapports que j'avais eus avec vous depuis le jour où vous aviez revêtu le froc monastique, j'ai cru avoir autorité pour émettre mon sentiment dans la double question que vous avez soulevée, à savoir votre prétendue mission providentielle et votre conduite.

« 1° Sur le premier de ces deux points, je ne puis que répéter ici textuellement ce que j'ai eu l'honneur d'écrire à Monseigneur l'évêque de Quimper : « Jamais nous n'avons reconnu à M. l'abbé « Gayraud aucune mission providentielle spéciale « et c'est pour avoir voulu s'en donner une à lui-

« même, au détriment des principes de l'obéissance « religieuse, qu'il a dû se décider à secouer le « joug et à reprendre sa liberté ».

« Pour connaître les motifs qui vous ont déterminé à sortir de l'ordre de saint Dominique, il suffit de consulter le bref de votre sécularisation. Or, dans ce document signé par vous et par deux religieux du couvent de Toulouse qui servirent de témoins en cette occasion, il n'est point question de mission providentielle à remplir. Le motif allégué est, hélas ! d'une nature toute différente. A ceux qui ne voudraient pas m'en croire, vous n'auriez qu'à montrer la pièce elle-même. Elle ne peut pas ne pas figurer dans le volumineux dossier que vous aimez, dit-on, à étaler.

« 2° Dans la lettre que vous m'avez écrite et que les journaux ont publiée, vous me dites que, *dans une circonstance, j'ai autorisé expressément vos rapports avec cette parente dont de misérables adversaires tentent de souiller l'honneur en vous ôtant le vôtre*. Je n'ai point qualité pour décider, dans une affaire aussi délicate, entre vous et vos adversaires. Vous avez promis de les confondre et, pour mon compte, je serai enchanté que vous arriviez à vous justifier d'une manière entièrement triomphante. En attendant, voici, pour ce qui me concerne, la vérité sur ce point particulier.

« Dans le principe, oui, j'ai connu et autorisé, sans défiance aucune, vos rapports avec la personne dont vous parlez. Puis je les ai vus avec peine et inquiétude, les regardant comme imprudents et compromettants. Je vous en écrivis alors dans des termes que vous semblez ne pas avoir oubliés. Finalement, quand vous nous avez quittés, j'ai éprouvé un vrai soulagement à la pensée que je n'aurais pas à tirer au clair une affaire fort épineuse ni à prendre peut-être des mesures qui répugnent à mon caractère. Voilà ce que je puis dire et cela suffit pour justifier les réserves que je dus faire dans ma lettre à l'*Univers* et à la *Vérité*. »

Nous, non plus, nous ne voulons pas tirer cette affaire au clair et nous nous contenterons, pour toute appréciation, de ces quelques lignes que nous trouvons dans la même lettre : « Je voudrais bien pouvoir au moins, me porter garant de la parfaite correction de votre conduite. Mais, mon pauvre ami, vous savez bien que je ne le puis pas. Vous voilà lancé dans la politique, c'est-à-dire dans un monde où on est friand de scandales. Confiant dans votre étoile, vous croyez être sûr de dissiper tous les nuages, de confondre la malveillance et de sortir avec honneur de tous les mauvais pas. Libre à vous d'en courir le risque. Mais permettez-moi d'être plus prudent et ne trouvez pas mauvais que je ne vous permette pas de lier, ne serait-ce que par un fil, notre honneur au vôtre. »

Une Lettre du R. P. Garaud

Ce n'était pas seulement le provincial des Frères Prêcheurs qui tenait à dégager sa responsabilité, c'était l'ordre tout entier ou, si l'on aime mieux, tous les religieux qui avaient connu M. l'abbé Gayraud, avant sa sécularisation.

Le R. P. Garaud, prieur de Toulouse, écrivait d'Amiens où il était en prédication, à M. Auguste Roussel, rédacteur en chef de la *Vérité*, à la date du 30 janvier : « J'ai écrit plusieurs fois à M. Eugène Veuillot pour lui dire ce que je pensais et ce que nous pensions tous de la candidature de M. l'abbé Gayraud. Je reçois à l'instant, au moment de repartir pour Toulouse, l'*Univers* du 30 janvier et je suis vraiment indigné de la manière dont on traite ces témoignages et la personne du T. R. P. Provincial de Toulouse. Pour le moment, je déclare bien haut, afin qu'on l'entende à Paris et à Brest que j'appuie le témoignage du Père Provincial, de mon témoignage, de celui des quarante religieux de mon couvent qui ont vécu longtemps avec l'abbé Gayraud et qui savent ce qu'il vaut devant Dieu et devant les hommes. »

Une Interwiew du R. P. Mas.

On a vu plus haut que M. l'abbé Gayraud dans sa défense avait dit que le R. P. Mas, prieur des dominicains de Marseille, lui avait conseillé de sortir de l'ordre, pour remplir une mission providentielle. Le R. P. Mas protestait contre le rôle qu'on lui faisait jouer. Un rédacteur du *Soleil du Midi* était allé l'interroger et voici le résumé de la conversation qui s'était engagée :

« De notre entretien avec lui nous reste la certitude absolue que jamais, quoi que prétende l'abbé Gayraud, il n'a pu se déterminer à quitter l'ordre de saint Dominique sur le conseil du R. P. Mas. Jamais non plus il ne fut question de « mission providentielle » entre eux.

« Dans le courant des entretiens qu'ils eurent ensemble, le R. P. Mas, qui savait, comme tous les religieux de la résidence, qu'on devait s'attendre au prochain départ de l'abbé Gayraud — il ne se cachait pas pour le faire prévoir, — le R. P. Mas a pu lui faire entendre qu'il espérait qu'au cas où il persisterait à vouloir se faire séculariser, Dieu utiliserait ses qualités personnelles pour le bien de la religion et de l'Eglise. Mais c'est tout. Et il y a loin, on le voit, de cet espoir charitablement émis à la prétendue « mission providentielle », dont l'abbé Gayraud fait aujourd'hui si volontiers parade.

« L'abbé Gayraud invoque en sa faveur, dans une de ses lettres, le témoignage du R. P. Lacomme. Le R. P. Mas, à qui nous avons demandé où se trouvait actuellement ce religieux, nous a indiqué qu'il était en mission à Uberraba, au centre du Brésil. Or, il faut une cinquantaine de jours pour qu'une lettre parvienne de France dans la province de Goya — nous en savons personnellement quelque chose. Rien d'étonnant à ce que l'abbé Gayraud étaye l'un de ses arguments sur un témoignage qui ne pourra être démenti que dans trois mois. D'ici là, l'incident sera depuis longtemps oublié.

« D'ailleurs, il faut bien établir qu'en tout ceci qu'alors même que des contradictions se produiraient au sujet du cas de l'élu du congrès de Lannilis, parmi ceux-là qui pensent de même sur la valeur de l'homme et de ses affirmations, ces contradictions seraient la simple résultante de l'appréciation que chacun dans l'ordre de saint Dominique pouvait donner à sa volonté bien arrêtée de quitter le froc, les uns regrettant son départ, les autres estimant qu'il valait peut-être mieux, pour le bien de tous, qu'il se sécularisât.

« Quant aux lettres du R. Père général de l'Ordre, elles sont ce qu'elles devaient être, émanant d'un dignitaire qui, ne pouvant forcément connaître l'état d'esprit particulier de chacun des 5 à 6.000 moines soumis à sa haute juridiction, s'adresse à l'un d'eux, et non des moindres, en termes empruntés, naturellement, d'une bienveillance toute paternelle.

« On se trompe d'ailleurs si peu sur le sens précis de cet incident qu'il n'y a pas un seul de nos religieux, nous a affirmé le R. P. Mas, qui désapprouverait ce qu'a écrit le R. P. Gallais. Nous n'avons rien dit tant que l'abbé Gayraud a lutté sur le terrain politique, terrain qui nous est étranger; mais quand il a abordé les questions de personnes, notre devoir était d'intervenir, et nous sommes intervenus. »

« Un petit détail pour finir. Nous le tenons d'un religieux que nous avons rencontré au moment où nous venions de prendre congé du bon Père Mas. A diverses reprises et dans un de ses moments de mauvaise humeur qui, paraît-il, sont fréquents chez lui, l'abbé Gayraud, secouant son froc d'un geste dédaigneux, se prit à dire : « Oh ! pour moi ce n'est pas gênant ! Cela se lève vite ! » Et cela longtemps, très longtemps avant sa demande de sécularisation. Et il n'était pas alors question de « mission providentielle ! »

Oh ! non !

Et qu'on ne vienne pas dire que le rédacteur de l'interview avait mal traduit la pensée du R. P. Mas; celui-ci, en effet, après avoir lu cette interview, écrivait à son auteur (1) :

Marseille, le 5 février 1897.

« Monsieur,

« Nous sommes enchantés de votre article. Il nous paraît très bien fait et très exact.

« Je ne pourrais regretter peut-être qu'une chose, c'est que vous n'ayez pas insisté davantage sur le beau spectacle que donne une province tout entière se serrant autour de son provincial qui défend son honneur contre un prêtre audacieux et habile qui, pour vaincre la déconsidération résultant toujours d'une sécularisation, a voulu, presque

(1) *Soleil du Midi*, cité par le *Moniteur universel* du 8 février 1897.

à la veille du scrutin et sans qu'il fût possible de s'entendre pour lui adresser un démenti commun, a voulu — dis-je — justifier et même glorifier cette sécularisation en la déclarant l'effet d'une mission providentielle et sociale que son ancienne province dominicaine lui aurait donnée au dehors... Mission que cette province pouvait d'autant mieux lui confier aux yeux de ses électeurs que sa conduite au dedans de l'Ordre n'avait jamais, disait-il, donné lieu « à l'ombre d'un soupçon de légèreté ». On sait le reste — voir la lettre du T. R. Père Gallais. »

La Défense de M. l'abbé Gayraud.

A ces témoignages accablants que répondait M. l'abbé Gayraud?

Il citait :

Une lettre du R.P. Lacomme datée de Toulouse du 20 juin 1894 (1). Le R. P. Lacomme l'appelle son très cher ami et lui dit que, malgré la séparation que lui, l'abbé Gayraud, a mise entre eux, son cœur lui demeure sincèrement et fortement attaché. C'est une lettre amicale si l'on veut, et rien de plus. Elle ne contient rien de ce qu'annonçait M. l'abbé Gayraud dans la réponse au R. P. Gallais.

Une lettre du cardinal Bourret, remontant au 4 février 1893 et dont voici le texte :

« Je regrette bien vivement la résolution que vous avez prise (de quitter l'ordre des Dominicains); s'il en était temps encore, je vous conseillerais de revenir en arrière. Votre nature ardente et un peu théorique a succombé à la tentation à laquelle succombent souvent les tempéraments qui vous ressemblent.

(1) *Vérité* du 30 janvier 1897.

« Homme de l'idée, polémiste vigoureux, caractère fait pour monter à l'assaut, beaucoup plus que pour monter la garde dans une garnison, vous avez trop de confiance dans votre épée. Il vous a semblé que, plus libre dans vos allures, plus militant dans votre conduite, plus impétueux dans vos mouvements et moins gêné dans les entournures de l'obéissance monastique, vous seriez plus triomphant et plus victorieux.

« Vous vous trompez, cher ami. Pardonnez-moi cette franchise. Elle part d'un cœur qui vous aime et qui voudrait vous éviter des épreuves qui ont été bien dures pour plusieurs de vos frères. Je suis tout disposé à vous servir de mon mieux dans votre dessein d'entrer dans le clergé de Paris. Dites-moi ce que vous voulez que je fasse, je m'empresserai d'entrer dans vos vues et de vous rendre le service dont vous avez besoin. »

Est-ce tout? Non.

M. l'abbé Gayraud consentait, enfin à s'expliquer sur les motifs de sa sécularisation et il publiait, dans l'*Univers* du 3 février, la lettre qu'il avait adressée au R. P. Frühwirth, maître général à Rome, et par laquelle il demandait cette sécularisation.

La voici :

29 décembre 1892.

« Je vous prie de vouloir bien prendre en sérieuse considération la demande que j'ai l'honneur de vous adresser. Elle n'est faite qu'après de longues et mûres réflexions. Je désire avoir la liberté pleine et entière de me livrer à l'étude des questions sociales et de combattre de toutes les manières, par la parole et par la plume, les erreurs antichrétiennes. Il est hors de doute que je ne puis le faire à mon gré sans susciter entre mes supérieurs et moi des dissentiments fâcheux, tant sur les idées que sur les moyens d'action. Voilà pourquoi je voudrais obtenir par la voie la plus courte et la plus aisée des lettres de sécularisation.

« J'ai l'honneur, etc. »

Il donnait la réponse du maître général que nous devons transcrire.

1er janvier 1893.

Mon Révérend et cher Père,

« J'ai reçu hier votre bonne lettre du 29 décembre, et je m'empresse de vous écrire ce que je crois nécessaire pour le salut de votre âme.

« Repoussez, je vous en prie, mon bien cher Père, cette tentation. *Ne demandez pas, je vous en conjure, la sécularisation.*

« Vous ne retrouveriez plus la paix.

« Je suis disposé à vous assigner une position où vous aurez la possibilité de vous occuper avec beaucoup d'utilité dans l'enseignement et l'étude des questions sociales.

« Je vous félicite à l'occasion de l'année nouvelle et je vous souhaite tout le bien spirituel et temporel. Je vous salue, je vous bénis et je reste votre très affectionné.

« Fr. André Fruhwirth.

« *Maître général.* »

Il citait une lettre du R. P. Cormier à la date du 3 février 1893 qui laissait entendre que « le Révérendissime Père Général saurait bien lui trouver, au cas où il voudrait rentrer dans l'Ordre, quelque poste honorable ou même agréable ».

Il donnait enfin la formule de sa sécularisation

qu'il soumettait, disait-il, aux canonistes et aux jurisconsultes.

« Le suppliant demande à Sa Sainteté d'être sécularisé « *eo quod religiosæ vitæ oneribus ferendis imparem se sentiat et spiritum vocationis amiserit* ».

Et il ajoutait :

« La voilà tout entière, cette formule de suppliant. Y a-t-il quoi que ce soit qui entache mon honneur d'homme et de prêtre ? Je vous en fais juge. Cette formule peut être appelée les *fourches caudines* de la sécularisation. J'ai passé par là pour sortir de l'Ordre ; mais le motif, le vrai motif qui m'y a fait passer, il est dans ma lettre de demande, et il n'est que là ».

Nous en demandons bien pardon à M. l'abbé Gayraud. Si l'on avait été convaincu qu'il sortait de l'Ordre pour remplir une mission providentielle, nous sommes persuadés que cette formule si dure eût été modifiée. On n'aurait point dit qu'il avait perdu la vocation et qu'il se reconnaissait impuissant à supporter le fardeau de la vie religieuse. Il y a là plus qu'une formule de chancellerie, il y a constatation d'un fait. Cette constatation n'entache point, si l'on veut, son honneur d'homme et de prêtre ; il n'a rien non plus qui lui permette de triompher. Les Bretons qui ont voté pour lui, s'ils ont lu toutes ces discussions, ont dû se dire qu'ils étaient autrement et plus dignement représentés, quand ils avaient pour député Mgr Freppel ou Mgr d'Hulst.

La Sécularisation.

Les fidèles tenants de la cause de M. l'abbé Gayraud n'étaient pas sans s'apercevoir que sa défense, si habile qu'elle fût, était incomplète. Elle n'expliquait pas d'une façon satisfaisante sa sortie de l'ordre de saint Dominique. On peut être appelé à remplir une mission providentielle, on peut remplir réellement cette mission, sans se croire pour cela obligé de jeter le froc aux orties. On peut même dire que c'est une singulière façon de se préparer à cette mission que d'agir de la sorte.

En tout cas, il y avait un moyen bien simple de faire cesser toutes les polémiques sur cette question : c'était de publier le bref de sécularisation.

On se contenta de donner une analyse de quelques documents concernant cette sécularisation. Nous la trouvons dans l'*Univers* du 19 février. Nous recevons de Rome, disait ce journal, la communication suivante :

« Les accusations qui sont dirigées avec tant d'acharnement contre le nouveau député de Brest m'ont rendu très désireux d'examiner avec calme les faits, afin de les connaître à fond. Il était d'ailleurs inévitable que dans les âmes impartiales s'éveillât le soupçon d'accusations fausses, puisque celles-ci n'ont surgi que lorsque l'abbé Gayraud fut indiqué comme candidat et depuis qu'il est député de Brest. Jusqu'alors on l'avait laissé en paix ; et même il avait reçu des éloges pour son savoir et pour son éloquence; et ces éloges lui avaient été adressés par beaucoup de ceux-là mêmes qui, aujourd'hui, le poursuivent de récriminations.

« Aussi, comme j'en avais la possibilité, je me suis empressé d'aller aux archives de la Sacrée Congrégation des évêques et réguliers. J'ai examiné les documents au sujet des circonstances dans lesquelles l'abbé Gayraud a quitté l'ordre des Dominicains. C'est là le fait qui a donné lieu à toutes les attaques; c'est le nœud de toute la discussion.

« Voici le résumé de mes recherches, parmi ces documents qui sont la source la plus autorisée pour une affaire de ce genre.

« A la date du 17 janvier 1893 se trouve la pièce émanant du procureur général des Frères-Prêcheurs à Rome et concernant la demande de sécularisation. Cette pièce certifie que le P. Gayraud était un religieux doué d'un talent élevé, et qu'il avait publié plusieurs écrits traitant de matières philosophiques; puis que, pensant avoir un rôle spécial à remplir, il avait pris une situation à part, au point de vue du mouvement religieux politique de France; et qu'après la lettre du Saint-Père aux Français, il était un des orateurs populaires les plus remarqués, et publiait aussi un livre pour commenter la Lettre pontificale, livre qui lui mérita, de la part de S. Em. le cardinal secrétaire d'Etat, une réponse contenant des paroles bienveillantes.

« Dans la pièce que je résume, la cause pour laquelle le P. Gayraud a voulu sortir de son ordre, c'est la pensée qu'il avait une mission spéciale à remplir. On n'y trouve pas la moindre allusion à un fait qui aurait offensé la morale et provoqué le départ du P. Gayraud.

« Il est encore constaté que les supérieurs ont agi activement pour persuader le P. Gayraud de ne pas se retirer ; ce qui montre l'estime dans laquelle ils le tenaient.

« De plus, on lit que, après la sécularisation obtenue, l'évêque de Montauban offrit de recevoir M. l'abbé Gayraud volontiers (*libenter*) dans son diocèse et dans son propre clergé, de lui procurer une situation honorable dans une paroisse ou dans les autres œuvres du ministère, particulièrement dans la prédication, soit au diocèse de Montauban, soit à Paris, ou dans d'autres villes de France.

« Telles sont les indications contenues dans les documents de la Sacrée Congrégation des évêques et réguliers. Elles montrent clairement que les accusations, produites tardivement, ont pour origine l'esprit de parti et pour appuis ceux qui ne peuvent ou ne veulent pas supporter que M. l'abbé Gayraud représente la pleine adhésion à toutes les directions du Saint-Siège concernant les catholiques de France.

« Il est à espérer qu'on renoncera enfin à répandre, au sujet de la sécularisation de M. l'abbé Gayraud, des commérages sans fondement, auxquels des documents autorisés donnent un démenti si péremptoire. »

Cette communication a été évidemment faite dans le but de défendre M. l'abbé Gayraud. Comme nous ne savons quel en est l'auteur, que nous ne sommes pas à même de vérifier si le résumé présenté est impartial, nous dirons que c'est un document sans valeur qui doit être écarté du débat.

Aussi bien le zèle que mettaient ses partisans à défendre M. l'abbé Gayraud était si grand qu'il arrivait à indisposer ceux même qui avaient applaudi à son élection.

« Assez de l'abbé Gayraud! disait la *Croix* (1). Que ceux qui se sont trompés dans cette élection se le reprochent et que ce soit fini ! »

Ceux qui s'étaient trompés de bonne foi pouvaient reconnaître leur erreur, mais ceux qui s'étaient trompés parce qu'ils avaient refusé d'entendre aucun avertissement et qui, par conséquent, avaient trompé les électeurs, ne voulaient pas faire leur *meâ culpâ*. Leur obstination fut cause que la polémique devait se continuer.

(1) *Croix* citée par la *Vérité* du 20 février 1897.

VI

La Responsabilité de la campagne électorale.

La campagne dont nous venons de retracer les principaux incidents est profondément regrettable ; mais sur qui faut-il en faire retomber la responsabilité ? Sur ceux qui l'ont menée ou sur ceux qui, en dédaignant tous les avis, l'ont rendue nécessaire ? Car les avis n'avaient point manqué, ni à Paris, ni à Brest. Nous n'avons pas à en tenir compte, répondait M. Eugène Veuillot, parce que nous aurions fait le jeu des réfractaires. Mais pourquoi suppose-t-il de pareilles préoccupations au R. P. Garaud, au R. P. Mas ou au R. P. Gallais?

Ceux-ci étaient entrés dans la lice alors que la campagne électorale touchait à sa fin, à l'heure par conséquent où toutes les positions étaient prises, où il était trop tard pour espérer changer le résultat du scrutin. Ce n'était donc pas la passion politique qui les avait fait parler ; c'était plutôt l'amour de la vérité et le souci de ne pas laisser compromettre l'Ordre tout entier par les révélations fâcheuses qui allaient mettre M. l'abbé Gayraud en si triste posture.

Si M. l'abbé Gayraud est innocent ; s'il n'a commis ni imprudence ni légèreté, s'il n'a joué aucun rôle équivoque dans le procès en divorce dont nous avons parlé précédemment ; s'il n'est sorti de l'Ordre que pour répondre à un appel divin, tous les

Dominicains de la province de Toulouse, tous ceux qui ont été ses supérieurs, qui ont été en relations constantes avec lui, l'ont calomnié; il faut écarter leurs témoignages ; ils ont altéré sciemment la vérité. Mais cela est-il possible, cela est-il croyable, cela est-il vraisemblable ? Nous voyons bien les raisons qui ont obligé M. l'abbé Gayraud à repousser en désespéré les imputations élevées contre lui ; mais nous ne voyons pas les motifs qui auraient engagé les dominicains de Toulouse à l'accuser sans raison.

La Présentation du député musulman.

Coupable ou non, M. l'abbé Gayraud n'en était pas moins député et, dès le lendemain du scrutin, il se présentait au Palais Bourbon, où, grâce à un incident que ses amis ont dû regretter, il faisait une entrée qui a été un peu trop remarquée. Voici la version donnée par la plupart des journaux :

« L'abbé Gayraud, le nouveau député de Brest, a assisté à la séance d'hier (Jeudi 28 janvier).

« M. l'abbé Gayraud est entré dans la salle des Pas-Perdus, accompagné par son collègue l'abbé Lemire, qui lui servait d'introducteur.

« Là, il a rencontré M. Grenier, le député musulman du Doubs, auquel il a été présenté par M. Lemire. Ce dernier en faisant la présentation, a dit : « Malgré la différence de nos costumes et de nos religions, nous travaillons également au bien du pays ». Le député musulman a répondu : « C'est vrai, il faut travailler pour le bien du pays, et être toujours guidé par une idée morale, par une idée élevée ».

« L'abbé Gayraud s'est contenté de s'incliner (1). »

(1) *Vérité* du 30 janvier 1897.

M. l'abbé Gayraud fut, dit-on, fort marri de cette insolite présentation; mais il n'avait après tout rempli que le rôle d'un personnage muet. Que ne le gardait-il quelques jours plus tard, ce rôle, dans un punch d'honneur, qu'un groupe de jeunes gens, tout enivrés encore de son triomphe, avait voulu lui offrir!

Jésus-Christ citoyen français.

« Le nouveau député de Brest s'était rendu volontiers à l'invitation, dit l'*Univers* (1). L'appel de la jeunesse est souvent irrésistible, en qui vibrent la générosité, l'enthousiasme, c'est-à-dire ce que la nature humaine a de meilleur. Dans la lutte qui a précédé et suivi le succès du candidat ecclésiastique, la jeunesse a donné vaillamment. Le vainqueur s'en souvient et il a voulu en témoigner. »

Il a donc récompensé la jeunesse par un discours.

Qu'il ait prétendu, dans ce discours, que l'esprit monarchique n'existait plus, c'était là une erreur qui ne tirait pas à conséquence : les nombreux suffrages qui s'étaient portés sur le nom de M. le comte de Blois avaient protesté par avance contre une affirmation aussi hasardée. Mais qu'il se soit laissé aller jusqu'à dire qu'il voulait que Jésus-Christ fût citoyen français et que tout l'auditoire se fût pâmé d'admiration devant ce « mot profond », c'est ce que l'on a peine à comprendre de la part de catholiques. Aussi la *Vérité* (2) avait-elle raison de relever le mot et de dire : « Il se peut que le mot paraisse profond et spirituel à l'orateur du

(1) *Univers* du 13 février 1897.
(2) *Vérité* du 14 février 1897.

punch d'honneur. A nous il paraît plutôt inconvenant pour la nature divine de Notre Seigneur qui ne s'est jamais appelé citoyen, mais toujours Fils de Dieu et qui, comme tel, a dans toute société, des droits supérieurs à ceux de citoyen. » La réflexion est juste et il est fâcheux seulement qu'elle contienne une leçon donnée à un prêtre par un laïque.

Séminaristes imprudents.

Ce n'est pas malheureusement la seule que les prêtres ou les clercs se soient exposés à recevoir, soit pendant soit après la campagne électorale. On n'ignore pas que la plus grande partie du clergé de la troisième circonscription de Brest avait patronné, avec un zèle indiscret, la candidature de M. l'abbé Gayraud. Mais on n'avait pu supposer un seul instant que des séminaristes, ayant à peine l'âge de prendre part au scrutin, n'étant pas même électeurs dans la troisième circonscription de Brest, interrompraient un moment leurs études philosophiques ou théologiques pour vanter les mérites de M. l'abbé Gayraud ou excommunier comme un mauvais catholique M. le comte de Blois. Ce fut donc avec un certain sentiment de stupéfaction qu'on lut dans le *Matin* du 12 février des lettres dans le genre de celles-ci, signées par des élèves du grand séminaire de Quimper :

« Cher oncle,

« Les divers régimes ne sont mauvais que lorsque les hommes qui sont à la tête de l'Etat sont mauvais ; c'est ce qui existe maintenant, comme vous l'avez constaté depuis longtemps, et justement le devoir électoral de tout bon chrétien est de combattre ceux qui dirigent actuellement la France et de mettre à leur place des hommes qui aiment vraiment et protègent la religion.

« Par cela même qu'il désobéit à Léon XIII, chef de l'Eglise catholique, le comte de Blois n'est plus un bon chrétien, ni même un bon Français ; car, en se posant comme royaliste, il met obstacle à l'union qui devrait se faire entre tous les honnêtes gens, afin de résister avec succès aux méchants. Il sait d'ailleurs très bien que, dans la situation actuelle des choses, il est impossible d'avoir un roi en France. Et même, y eût-il un roi, il est très probable que la religion n'en profiterait guère. Au contraire, elle serait peut-être plus opprimée encore. En effet, le roi très chrétien est mort. Et ce que le comte de Blois ne vous dira point, c'est que le prétendant au trône de France est un descendant de Louis-Philippe, dont l'histoire nous a dit qu'il était un homme sans Dieu, un adversaire acharné des illustres catholiques de ce temps ; c'est que ce prétendant lui-même est, dit-on, un jeune homme plus ou moins libertin ; c'est que les grands chefs royalistes sont ou des ennemis de la religion, ou du moins des libres-penseurs s'occupant moins de l'Eglise et des prêtres, que de leurs grandes chasses et de leurs fêtes mondaines.

. . . .

« Conformez-vous, cher oncle, aux indications de votre bon curé, M. Ollivier : c'est un homme très éclairé et très dévoué à la bonne cause. Sa conduite politique est approuvée par tous les professeurs du grand séminaire et les grosses têtes de Quimper. En le suivant, vous serez dans le droit chemin. Bon courage donc, cher oncle, faites un bon usage de votre influence; agissez sur vos parents, amis, connaissances, et sur vos clients, si nombreux, dont j'espère que le nombre va en augmentant.

« Votre neveu affectionné,

« JEAN-MARIE G... »

Un autre élève écrivait :

« Grand séminaire de Quimper,
22 janvier 1897.

« Monsieur,

« Permettez-moi, s'il vous plaît, de vous adresser un mot, quoique vous me connaissiez probablement très peu. Votre épouse Maryvonne me connaît mieux.

« Quoi qu'il en soit, c'est dimanche qu'ont lieu les élections, comme vous le savez.

« Il y a deux candidats en présence, entre lesquels, je le sais, votre choix n'est pas douteux, étant donné votre amour pour notre sainte religion. Cependant j'ai jugé à propos de vous donner quelques éclaircissements à ce sujet.

« Vous avez peut-être trouvé étrange que M. Gayraud, un prêtre catholique, se posât comme candidat républicain. Or, il n'y a là rien d'étonnant pour ceux qui sont au courant de la situation et des enseignements de N. S. P. le Pape.

« En effet, Léon XIII, dans une encyclique du mois de février 1893, a dit à tous les catholiques français d'accepter la forme de gouvernement actuelle, c'est-à-dire la République, mais la République débarrassée des mauvaises lois qui sont actuellement en vigueur *sur les écoles, les congrégations religieuses, etc.*

« Or, le clergé de France s'est soumis à ces

enseignements du pape, et M. Gayraud peut s'intituler *candidat républicain catholique, candidat du Pape, de l'évêque, de MM. les professeurs du grand séminaire...* M. de Blois, au contraire, n'est pas catholique, parce qu'il ne s'est pas soumis aux enseignements du Pape et rêve encore le relèvement de la monarchie...

« Votre tout dévoué en Notre Seigneur Jésus-Christ,

« J. N. H. »

Un autre séminariste, enfin, s'exprimait ainsi :

« Grand séminaire de Quimper,
21 janvier 1897.

« Mon cher G...,

« Permettez-moi de vous entretenir des prochaines élections... L'abbé Gayraud a quitté l'habit dominicain uniquement dans le but de se dévouer aux questions sociales. Il n'a pas de famille à nourrir ni de rang à soutenir, pas de terres à diriger, pas de domestiques pour chasser les bons paysans qui voudraient parler à leur maître. En votant pour l'abbé Gayraud, mon cher G..., vous votez non pour un roi, non pour une République, mais pour votre religion, pour votre Dieu...

« Votre bon compatriote,

« J. M. Q. »

Le ton de ces lettres était tellement extraordinaire qu'on crut d'abord à une mystification ; mais quand on sut qu'elles avaient été communiquées par M. Joseph Fabre, sénateur de l'Aveyron, qui se proposait d'interpeller le ministère sur les menées cléricales et les directions pontificales; quand on sut qu'aucune protestation ne s'était élevée, qu'aucun démenti n'avait été donné, il fallut bien se rendre à l'évidence, elles étaient parfaitement authentiques, et parfaitement inconvenantes.

L'*Univers* le sentit si bien qu'il dut en faveur de ces jeunes emballés plaider les circonstances atténuantes : « Il faut se reporter, disait-il, aux dates de ces trois lettres et se rappeler alors que la lutte était ardente pour les bien juger. Si l'on s'échauffait du côté catholique, de l'autre côté on était en feu. Dans ces cas-là, l'exacte mesure n'est nulle part observée. Les catholiques, accusés par les réfractaires de soutenir un candidat prêchant la guerre des classes, l'incendie des châteaux, la démagogie, le socialisme, etc., etc., pouvaient difficilement se défendre de toute repartie trop vive. — Votre candidat est un socialiste, un incendiaire, un mauvais prêtre, leur criait-on. Ils répondaient : Le vôtre a des domestiques qui écartent les bons paysans, il repousse les instructions du Pape, il fait des avances aux ennemis de la religion, ce n'est plus un bon chrétien, ce n'est plus un vrai catholique.

« Dans cette mêlée, ceux qui ont crié le plus fort, le plus méconnu les lois d'une lutte électorale correcte, ce ne sont pas nos amis. Comme il nous serait facile de le prouver si nous ne voulions pas avant tout qu'on rentrât daus la paix !

« Quant aux lettres des trois séminaristes, que prouvent-elles, en somme? Elles prouvent que la bataille électorale de Brest les intéressait fort et que pleins de foi, pleins d'ardeur, très dévoués à l'Eglise, très zélés pour les directions pontificales, ils souhaitaient ardemment dans l'intérêt de la religion et de la France, que le candidat qui répondait à leurs aspirations fût élu (1). »

(1) *Univers* du 14 février 1897

Elles prouvent aussi que les amis de M. l'abbé Gayraud ne reculaient pas devant la calomnie pour assurer son succès. Sur quels documents s'appuyaient donc les auteurs de ces lettres pour excommunier avec une telle désinvolture M. le comte de Blois? De quel droit le proclamaient-ils mauvais catholique et mauvais Français ? Est-on mauvais Français parce que, l'histoire à la main, on soutient que la République est un régime qui a toujours été néfaste à la religion, sauf quand les conservateurs ont été à la tête du Gouvernement? Où ont-ils vu que les grands chefs du parti sont des libres-penseurs uniquement occupés de leurs chasses et de leurs fêtes mondaines? Ils ignorent donc que la plupart des œuvres catholiques ne vivent et souvent ne prospèrent que grâce aux subsides généreusement, spontanément donnés par ces libres-penseurs d'un nouveau genre?

Elles prouvent enfin que ces jeunes séminaristes avaient une singulière idée de la charité chrétienne et qu'ils la pratiquaient d'une bien étrange façon. Aussi M. le comte de Blois avait-il raison de trouver fort extraordinaires ces exercices épistolaires auxquels se livraient les élèves du grand séminaire de Quimper (1).

(1) M. le comte de Blois, sénateur, parent de M. le comte de Blois, concurrent de M. l'abbé Gayraud, discours au Sénat dans la séance du 2 avril 1897.

VII

L'Union des Républicains.

L'intervention peu mesurée d'une partie du clergé breton dans l'élection de M. l'abbé Gayraud devait avoir un résultat qu'il était facile de prévoir : elle allait permettre aux républicains et aux radicaux de s'unir pour dénoncer le péril clérical. Vieille guitare, dira-t-on, pour employer un mot célèbre de M. Ranc. Eh oui! vieille guitare, mais les républicains sont des artistes qui en pincent d'une façon magistrale. Les promoteurs de la candidature de M. l'abbé Gayraud n'allaient pas tarder à s'en apercevoir, plusieurs d'entre eux même à leurs dépens.

A Dieu ne plaise que nous refusions au clergé le droit de prévenir l'électeur qu'il doit bien voter; qu'il remplit, en allant au scrutin, une œuvre de conscience; qu'il doit chercher pour ses représentants des hommes intelligents, probes, honnêtes, capables de défendre non seulement ses intérêts matériels mais ses intérêts moraux et religieux! Encore cette intervention doit-elle s'exercer avec tact, afin de ne pas donner lieu à la critique. Dans l'espèce, le clergé avait le devoir de se montrer d'autant plus réservé que M. le comte de Blois présentait, au point de vue de la défense sociale et religieuse, au moins autant de garanties que M. l'abbé Gayraud. Or, nous avons montré plus haut, avec preuves à l'appui, avec quelle ardeur le clergé s'était jeté dans la lutte pour combattre en faveur de l'un des deux concurrents.

Les républicains, ceux qui n'ont cessé de croire à cette vieille formule : Le cléricalisme, voilà l'ennemi — et l'on sait qu'ils sont nombreux — ne devaient tarder à s'émouvoir de la situation.

M. l'abbé Gayraud avait été élu dans les derniers jours de janvier. Dès les premiers jours du mois suivant, M. Joseph Fabre, sénateur de l'Aveyron, déposait sur le bureau du Sénat une demande d'interpellation sur les agissements du clergé et sur les directions pontificales.

Les Dispositions du sixième bureau de la Chambre.

De son côté le sixième bureau de la Chambre, chargé de vérifier la régularité des opérations électorales dans la troisième circonscription de Brest, concluait à une enquête. Il ne s'agissait point uniquement de savoir si M. l'abbé Gayraud avait été valablement nommé. Les partisans de l'enquête annonçaient l'intention de rechercher si une organisation cléricale n'existait pas qui aurait pu faire courir des dangers à la République. Et cette organisation ils la pressentaient, ils la dénonçaient ; il fallait la briser, la détruire, l'anéantir.

Ces dispositions du sixième bureau ne laissaient pas que de préoccuper l'*Univers*(1). Il accusait les réfractaires de pousser à l'invalidation de M. l'abbé Gayraud. « Ce sont, disait-il, les protestations formulées par M. de Blois et ses amis qui ont amené le sixième bureau à prendre sa résolution. Seulement, ajoutait-il, rien ne prouve que la majorité devra opiner

(1) *Univers*, 15 février 1897.

comme le sixième bureau. Le contraire paraît même, nous dit-on, presque sûr. Et puis, M. l'abbé Gayraud a de quoi riposter à l'attaque. Il lui sera facile de prouver qu'on exagère, qu'on invente, et que la véritable pression s'est exercée contre ses partisans. »

L'inquiétude se laisse facilement voir sous ces airs de confiance. Quant à l'accusation portée contre M. de Blois et ses amis de poursuivre l'invalidation de M. l'abbé Gayraud, elle devait être réfutée plus tard d'une manière péremptoire et sans réplique : la droite, sans en excepter un seul de ses membres, devait se prononcer contre l'enquête.

Et cependant, tous les faits relatés dans le rapport que M. Isambert avait été chargé de présenter à la Chambre au nom du sixième bureau, montraient que la candidature de M. le comte de Blois avait été combattue avec un acharnement qui dépassait toute mesure.

Le Rapport de M. Isambert.

Après avoir raconté les origines de la candidature de M. l'abbé Gayraud, choisie quinze jours avant l'élection dans une réunion composée de tout le clergé de la région, le rapporteur énumère les assemblées électorales tenues dans les églises et où paraît M. l'abbé Gayraud, les sermons où on le désigne plus ou moins clairement au vote des électeurs, les visites des prêtres, des vicaires, dans les fermes pour qu'on dépose un bulletin de vote en sa faveur, les menaces auxquelles on recourt pour stimuler les tièdes, convaincre les hésitants, effrayer les adversaires.

Mais il importe de citer quelques extraits de ce rapport :

« Le nommé Gabriel Guenneguès, cultivateur dans la commune de Ploudalmézeau, s'était chargé de distribuer « des billets pour M. de Blois ». Les vicaires, avertis du fait, se mirent, le 22 janvier, à le suivre à la trace de maison en maison pour s'emparer des bulletins déposés.

« Arrivés chez Guenneguès, ils ne trouvèrent personne, mais firent chercher sa femme qui était allée aux champs, lui adressèrent des reproches sur le « joli métier » que faisait son mari, et parlèrent de prison. « Ils ajoutèrent, dit Guenneguès, qu'au surplus le cas était particulièrement grave pour moi, qui avais une fille religieuse, et que le curé saurait ce qu'il y avait à faire. Ma femme et moi nous avons compris la menace qui nous était faite de renvoyer notre fille. Ma femme, fortement intimidée, n'osa pas refuser de leur livrer les liasses de billets au nom de M. de Blois, que j'avais en réserve pour la distribution des jours suivants. Elle ne les leur a donnés que sous la plus violente contrainte morale. »

« Cette menace de chasser du couvent des enfants entrés en religion est un moyen de pression qui a sa couleur locale dans ce pays de Léon où la plupart des familles ont sacrifié quelqu'un des leurs à l'Eglise. Ce n'est pas le seul exemple qui nous en soit signalé.

« L'ardeur du clergé n'aurait pas été moindre dans la commune voisine de Lampaul, au dire de René Brannellec, cultivateur à Coat-Méal, qui fait entre autres les déclarations suivantes : « Le jour des élections, j'étais à Lampaul-Ploudalmézeau, où j'ai assisté à la grand'messe. M. le recteur a dit qu'il fallait voter pour un défenseur de la religion, pour un homme dévoué à l'Eglise, et a continué ainsi en nous désignant l'abbé Gayraud sans le nommer, mais de façon que personne ne pût s'y méprendre. Enfin, à un moment donné, il a dit : « N'ayez pas peur, votez sans crainte et crachez à la figure de tous les ennemis de M. Gayraud ! »

« A Tréglonou, suivant le témoignage des nommés Pierre Troadec, Louis Tréguer, Jean-Marie Tréguer et René Stéphan, le curé s'est rendu le 16 janvier dans toutes les maisons, « recommandant à tous de venir le voir à cinq heures *à l'église*, pour y entendre l'abbé Gayraud, qui devait y faire une réunion électorale ».

« A Plouguerneau, la plus grosse commune du canton et même de la circonscription, M. de Poulpiquet, conseiller d'arrondissement, déclare : « 1° M. Quentel, vicaire de la paroisse, a parcouru la commune pendant huit jours, entrant dans les maisons et pressant de voter pour l'abbé Gayraud ; 2° M. Quentel s'est tenu le 24 janvier dans le voisinage de la salle de vote, et cela pendant presque toute la journée ; 3° des habitants de la commune de Plouguerneau sont venus chez moi, dans l'après-midi du 23, se plaindre de ce que les billets de vote déposés chez eux et portant le nom de M. de Blois avaient été saisis par le même M. Quentel. »

En certains endroits, on menace des peines éternelles les électeurs qui ne rempliraient pas comme il convient leur devoir.

A Loc-Maria, toujours des visites, de ferme en ferme, d'ecclésiastiques menaçant du feu de l'enfer ceux qui ne voteraient pas pour M. Gayraud. A la messe du matin, prône électoral du vicaire. Sur la place de l'église, le bedeau désignant des propriétaires du pays comme travaillant pour le candidat de l'enfer contre le candidat de Dieu.

Un électeur de Lanrivoaré nous montre le vicaire Bozennec allant à la rencontre des électeurs aux environs du bourg, puis s'installant à la mairie « avec ses bulletins dans la soutane ».

A Ploumoguer, le 15 janvier au matin, les conseillers municipaux recevaient du desservant de la commune un billet ainsi conçu :

« M. l'abbé Gayraud viendra ce soir à Ploumoguer vers quatre heures.

« M. le recteur et M. l'abbé Gayraud seront heureux de recevoir le conseil de fabrique et le conseil municipal. »

M. Auguste de Bergevin, trouvant ce genre de convocation insolite, a donné sa démission de conseiller municipal.

En ce qui concerne la petite commune de Trébabu, M. le comte de Kersauzon, électeur de cette commune, écrit : « Il est de notoriété publique que, le samedi 23, veille de l'élection, M. l'abbé Guillerm, desservant, a mis au service de la candidature de M. l'abbé Gayraud l'influence qu'il doit à l'habit qu'il porte et au caractère dont il est revêtu, menaçant ceux qui voteraient pour M. le comte de Blois des peines éternelles, notamment la famille Lhostis Gabriel, de Kéruzoubian, et la famille Le Ru, de Keruzoubras; au chef de cette dernière, doyen de la commune, il a ajouté que, s'il votait pour M. de Blois, on lui renverrait ses deux filles, religieuses de l'ordre du Saint-Esprit. »

« Est-il bien nécessaire après cela de s'arrêter aux doléances particulières du sieur Abily, aubergiste, qui n'a pu obtenir l'absolution depuis les élections municipales de mai 1896, parce qu'il s'était laissé porter sur une liste municipale non patronnée par le presbytère, et dont la femme a été mal reçue par le vicaire au confessionnal, parce que l'abbé Martin (encore un candidat ecclésiastique non approuvé!) avait trouvé asile dans son auberge? Cela donne pourtant quelque créance à la déclaration, extravagante à première vue, du sieur Simon, l'un des distributeurs du candidat Georges, affirmant que les abbés de la même commune lui auraient porté une sorte de défi de se faire servir à boire ou à manger dans le bourg de Plouider. »

On faisait aussi intervenir le nom du Souverain-Pontife dans l'élection.

« Rien n'était négligé pour faire savoir — ou pour faire croire (votre 6e bureau ne s'estime pas en mesure de dire dès à présent quelle est l'expression juste) — que le candidat n'était pas seulement désigné par la réunion électorale de tout le clergé de la circonscription, qu'il l'était par le Souverain-Pontife en personne, ou tout au moins par la curie romaine.

« Les journaux chargés de combattre pour l'abbé Gayraud commencèrent par publier en caractères d'affiche un télégramme de félicitations de l'assemblée d'études sociales réunie chez les Pères de l'Assomption de Rome. On semblait attacher surtout du prix à ce télégramme parce qu'il était daté de Rome ; et les fidèles devaient entendre que de pieux personnages ne pouvaient télégraphier ainsi de la Ville éternelle sans en avoir reçu l'expresse mission.

« Les recommandations publiques ne cessaient de mettre en jeu les instructions ou les directions pontificales. L'*Etoile de la Mer* évitait d'appeler crument M. Gayraud le candidat du Pape; elle recourait à d'ingénieuses périphrases comme « candidat des droits du Pape » ; mais il ne semble pas que la même réserve fût observée dans la propagande soit orale, soit épistolaire. »

Le rapport, sur ce dernier point, aurait pu être plus affirmatif; on a vu que M. l'abbé Gayraud était parfaitement désigné comme candidat du Pape dans les lettres des séminaristes que nous avons citées plus haut.

Après ces préliminaires, voici de quelle façon concluait M. Isambert :

« M. Gayraud est-il maintenant envoyé à la Chambre ou comme le représentant d'une circonscription française, ou ponr mieux dire de la France, suivant le principe proclamé par la Révolution : « Chaque député appartient à la nation entière », ou bien comme un missionnaire du Souverain-Pontife ?

« Cette façon de mettre en avant les instructions du Souverain-Pontife, les directions du Pape, n'est-elle, au contraire, comme le soutient une fraction du monde religieux, qualifiée de réfractaire et de rebelle par ses adversaires, qu'une manœuvre électorale ?

« Le dossier ne fournit pas les moyens d'exprimer à ce sujet un jugement définitif, et il nous a paru téméraire de le former d'après des commentaires postérieurs à l'élection; mais on reconnaîtra que la Chambre a toute raison de chercher à se faire une opinion à cet égard, avant de se prononcer sur l'élection du 24 janvier.

« Si le nom du chef de l'Eglise a été invoqué à tort et par une sorte d'usurpation, nul doute que cette fiction n'ait été de nature à influer sur l'élection et à en altérer le résultat. Mais si cette ingérence dans nos affaires intérieures d'une autorité d'outre-monts était démontrée authentique, elle soulèverait des questions de droit public et même de droit des gens dont il est superflu de faire ressortir ici l'importance. C'est la raison principale qui a conduit votre sixième bureau à conclure à la nécessité d'une enquête.

« Alors même que cette enquête n'aboutirait pas à faire toute la lumière désirable sur une question pourtant si essentielle, il est allégué au sujet de l'intervention du clergé paroissial et diocésain des faits trop graves et dans certains cas trop extraordinaires, pour ne pas mériter d'être contrôlés de près et examinés contradictoirement avec les personnes mises en scène.

« D'autre part, les témoignages qui s'y rapportaient sont trop nombreux, trop concordants, ils tirent trop de vraisemblance de la déclaration publique de M. Gayraud, que sa candidature est née d'une réunion électorale de tout le clergé de la circonscription, pour qu'il paraisse possible à la Chambre de passer outre.

« La jurisprudence des Chambres françaises en matière de vérification de pouvoirs est constante en ce qui touche l'ingérence abusive du clergé dans les élections, surtout quand elle s'est manifestée jusque dans la prédication, et il paraît bien difficile de contester que c'est ici le cas.

« Le fait beaucoup plus insolite, auquel il est bien plus difficile de trouver des précédents, de véritables réunions électorales convoquées et tenues à l'église paroissiale, ne peut, s'il reste acquis, qu'aggraver encore le caractère de cette ingérence.

« Toutes les tentatives pour légitimer des pratiques de ce genre ont échoué devant les législatures successives, qui ont maintenu fermement la vieille maxime de notre droit que «la puissance spirituelle, même quant au regard des fidèles sur lesquels elle s'exerce, ne s'étend point au temporel ».

« Par ces considérations de fait et de droit, votre sixième bureau vous propose d'ordonner une enquête sur les opérations électorales de la troisième circonscription de Brest, afin de vérifier les faits allégués, en apprécier l'importance et la portée, et préparer ainsi les éléments d'une décision ultérieure sur la validité ou l'invalidité de l'élection du 24 janvier. »

Nous ne voulons pas donner ce rapport comme

une pièce impartiale. Certes en bien des endroits le rédacteur a laissé voir sa passion contre le clergé dont il dénonce l'invasion systématisée dans le domaine politique : il signale, en des termes à faire tressaillir d'aise l'ombre d'Eugène Sue, la mobilisation de l'armée noire avec ses cadres au complet et sa discipline entière. Mais encore n'est-ce pas trop qu'une partie du clergé de la troisième circonscription de Brest ait commis assez d'imprudences pour donner prise, sans qu'on puisse trop crier à l'invraisemblance, à de pareilles attaques?

VIII

L'Élection devant la Chambre.

Il y eut une belle audience, comme on disait autrefois, lorsque le 4 mars, s'ouvrit au Palais-Bourbon le débat sur les conclusions du rapport de M. Isambert. Les galeries et les tribunes regorgeaient de monde et ce fut devant un auditoire choisi et attentif que M. l'abbé Gayraud prit la parole.

La renommée, soigneusement entretenue par ses amis, lui avait fait une grande réputation d'éloquence. La justifia-t-il en cette occasion solennelle? Nous n'avons point à nous prononcer sur ce point.

Nous dirons seulement qu'il ne réussit pas à convaincre ses juges. Mais ceux-ci sans doute avaient leur siège fait et l'on peut croire que le verdict était rendu à l'avance.

La Thèse de M. l'abbé Gayraud.

La thèse que M. l'abbé Gayraud développa était simple. Il n'était point, comme on l'a prétendu, le candidat du clergé; la preuve, c'est que la réunion dans laquelle avait été acclamée sa candidature se composait de huit cents membres parmi lesquels on comptait au plus quarante prêtres.

Eût-il été choisi par le clergé qu'il n'y aurait pas là motif à invalidation, le clergé n'ayant fait qu'user des droits impartis aux autres citoyens. Y a-t-il eu pression électorale? Quelque forte qu'on la suppose, jamais on n'arrivera à démontrer que l'on aurait pu, grâce à elle, modifier la majorité considérable qui s'est prononcée en faveur de l'orateur. D'ailleurs, ses adversaires ont usé contre lui de moyens déloyaux. Toutes les protestations que l'on élève contre son élection sont démenties par des contre-protestations dont il faut tenir compte.

M. l'abbé Gayraud n'a pas été le candidat du pape. Cela a pu être dit dans des lettres particulières, mais jamais dans les journaux qui ont défendu sa candidature. Non, M. l'abbé Gayraud a été candidat républicain et il a été heureux le jour où il lui a été permis de crier : Vive la République! C'est pourquoi il s'étonne et de l'accueil fait par la Chambre à un prêtre républicain et de la menace d'enquête dirigée contre lui.

Il terminait ainsi :

« Je me suis présenté comme enfant du peuple, et je n'ai pas eu seulement les voix des prêtres, j'ai eu aussi celles de tous les maréchaux-ferrants, parce que mon père est maréchal-ferrant. C'est encore là une coalition que je vous signale.

« Comme républicain, je fais appel à votre justice au nom de la République; comme démocrate, je m'adresse aussi à vous au nom de la démocratie. »

Nous passerons rapidement sur une réponse de M. Isambert. Celui-ci n'a fait que résumer rapidement son rapport. Pour lui, une seule question est à examiner. Y a-t-il eu pression cléricale? Il y a des présomptions. L'enquête démontrera si ces présomptions sont fondées, par conséquent l'enquête est nécessaire.

Au début de son discours, M. l'abbé Gayraud

avait eu quelques expressions malheureuses qui auraient pu lui aliéner la droite : Mgr Freppel, Mgr d'Hulst ont été élus avant moi avec l'appui de clergé, avait-il dit. Serait-on plus sévère pour moi qui ne suis ni évêque, ni noble, parce que je me suis présenté républicain? La droite aurait pu se froisser de ce langage. Mais elle n'en garda pas rancune et M. de Ramel vint en son nom réclamer la validation de l'élection.

Le Discours de M. de Ramel.

M. de Ramel commença par montrer les droits et les devoirs du clergé au point de vue électoral, en s'appuyant sur l'autorité de Mgr Freppel et de Mgr Meignan.

« Le prêtre est un citoyen comme les autres; il est assujetti à toutes les charges du citoyen français, y compris les charges militaires.

« C'est à ce titre qu'il a le droit de défendre son opinion politique, qu'il peut distribuer des bulletins et manifester ses préférences pour un candidat.

« C'est ce droit que déterminait nettement Mgr Freppel le 24 novembre 1881.

« Il y a pour le clergé, disait-il en substance, la vie civile et l'exercice de son ministère. Dans la vie civile, le prêtre a les mêmes droits que tout autre citoyen. L'exercice de son ministère est guidé par deux principes : le premier, qui est le droit de recommander aux fidèles, même du haut de la chaire, de remplir leur devoir d'électeur, de voter, car l'abstention est une négligence coupable; le second, qui est le droit d'exhorter les fidèles à remplir leur devoir conformément à leur conscience de catholiques. Le clergé est à l'abri de tout reproche, concluait Mgr Freppel, lorsqu'il s'en tient à ces maximes générales, sans en faire l'application à tel ou tel particulier du haut de la chaire.

« Nous pensons de même : nous blâmons l'application, par autorité sacerdotale, d'une thèse générale à un cas particulier. »

L'abus de l'autorité sacerdotale a-t-il suscité quelques faits répréhensibles, demandait ensuite l'orateur? Ils sont assez localisés et il est facile d'en apprécier la valeur et la portée.

M. de Ramel examinait ensuite si le Pape est intervenu dans l'élection. Rien ne le prouve.

« Le Pape, disait M. de Ramel, se place nettement au-dessus de la politique et des partis. Il laisse à la volonté nationale le pouvoir de se manifester librement. Et les catholiques, usant de leur droit de citoyen, proclament d'autant plus volontiers la nécessité d'une revision que la Constitution, qui est la loi organique des pouvoirs publics, n'offre, à la différence de celles qui l'ont précédée, aucune garantie des libertés nécessaires.

« D'ailleurs, la tradition constante de la monarchie française a été de défendre l'indépendance du Saint-Siège, et en même temps l'indépendance absolue de la politique intérieure et nationale. Les royalistes ont été fidèles à cette tradition, lorsqu'il s'est agi de combattre pour l'indépendance du Saint-Siège. Ils ont été les premiers à verser leur sang. Ils seraient encore prêts à le faire.

« Quant au second principe, c'est-à-dire l'indépendance absolue de la politique intérieure et nationale, comment pourrait-on supposer qu'après avoir affirmé maintes fois la volonté de se placer au-dessus des partis, en laissant aux citoyens le droit de modifier la législation et la Constitution, et en n'exigeant d'eux que le respect de l'autorité légale, comment pourrait-on supposer, dis-je, que le Pape ait songé à intervenir dans l'élection de Brest ? »

L'enquête ne se justifie donc pas. D'ailleurs, on sait ce que sont les enquêtes faites par les majorités républicaines. Elles ne sont qu'un moyen de tyrannie et de tracasserie pour le corps électoral et elles enlèvent l'indépendance aux électeurs.

Le Réquisitoire de M. Hémon.

Cet appel à l'équité, à la justice, fait par un royaliste au nom des royalistes en faveur d'un républicain qui avait battu un candidat royaliste, ne devait pas être entendu par la majorité. M. Hémon, député du Finistère, se chargea de démontrer que la haine du cléricalisme était toujours aussi vive qu'autrefois.

« Nulle part, non, nulle part, répondait ce dernier, on n'avait vu une candidature se produire dans de pareilles conditions. Car lorsque M. Gayraud nous a parlé d'une première réunion électorale de 800 personnes acclamant sa candidature et dans laquelle se trouvaient 750 laïques et seulement 40 curés, il faut qu'il ait vu les choses de bien loin pour ne pas savoir que cette réunion était une simple chambre d'enregistrement.

« Quant à la réunion préparatoire, c'était une sorte de concile électoral dans lequel le clergé de la 3e circonscription de Brest s'était enfermé à huis-clos pour choisir un candidat qui fût à lui et qui ne fût qu'à lui.

« On trouve encore ici cette nouveauté que jamais une élection cléricale n'avait affecté à ce degré le caractère d'élection confessionnelle.

« Tout cela est nouveau, tellement nouveau qu'on ne trouverait pas en France une élection semblable. Cela ne s'était même pas vu dans le passé. »

Il expliquait ensuite pourquoi la République et la religion ne sauraient s'entendre :

« Quand les hommes de ma génération luttaient pour l'établissement de la République, ce qu'ils considéraient en elle, ce n'était pas une vaine formule, c'était surtout cette idée jusqu'ici regardée comme inséparable de la République : l'émancipation de l'esprit humain !

« Cette émancipation, voudriez-vous nous dire, monsieur l'abbé Gayraud, ce qu'on en ferait dans votre République? Nous connaissons les doctrines moitié conservatrices et moitié révolutionnaires qui caractérisent le néo-républicanisme clérical, et dans cet étrange amalgame il n'y a qu'une chose qui se dégage, c'est que si vous acceptez la République, ce n'est qu'à correction, et que ce dont vous voulez l'expurger, c'est de l'esprit républicain.

« En écoutant M. l'abbé Gayraud, je ne pouvais m'empêcher de songer aux journaux qui ont soutenu sa candidature et qui, il y a six mois, déployaient la bannière du Syllabus.

« Or, nous ne pouvons oublier que le Syllabus, c'est la condamnation de toutes les institutions dont les nations modernes ont fait leur substance, la condamnation du progrès, la condamnation de la liberté humaine.

« Nous avons donc le droit de dire : Si vous voulez suivre les engagements du Syllabus, suivez-les ; mais quand vous voulez vous dire démocrates et républicains, souvenez-vous de cette parole de l'Evangile, qu'on ne peut pas servir deux maîtres à la fois.

« Je crois tenir, non le langage d'un sectaire, mais celui d'un homme de bon sens.

« Je puis du reste faire appel à d'autres autorités que la mienne.

« Le régime politique d'une nation, a-t-on pu dire, n'est pas une forme purement extérieure; il atteint profondément la vie religieuse et morale d'un peuple par les lois qu'il entraîne à sa suite. »

Qui s'exprime ainsi?

« C'est l'un des prédécesseurs de M. Gayraud dans cette même troisième circonscription de Brest, c'est Mgr Freppel; et telle est l'évidence même.

« Oui, un régime ne peut vivre que de ses principes. Demander à un régime de se priver de ses principes, c'est lui demander de s'ôter à lui-même la raison de vivre. Quand vos amis, monsieur Gayraud, ont cette singulière exigence de faire vivre un régime sans ses principes, autant lui demander sa mort. Elle ne tarderait guère à venir, il ne serait pas long d'en finir avec une République qui aurait suivi de telles suggestions.

« Une République cléricale coulée dans le moule du Syllabus, qui donc pourrait désormais tenir à son existence? Ce ne seraient pas les anciens républicains; ils n'y verraient que la parodie sacrilège des croyances de toute leur vie; ils s'en écarteraient avec horreur. Ce seraient encore moins les cléricaux : car, de la République, ils ne veulent que l'enseigne. Qui pourrait empêcher de décrocher l'enseigne un beau jour? Le monarque choisi par la théocratie pourrait entrer dans la maison. »

On ne saurait dire plus nettement aux ralliés, aux catholiques qu'en voulant entrer dans la République avec l'espoir d'en changer la législation, ils poursuivent une ombre au pays des rêves, attendu qu'ils trouveront devant eux tout le parti : républicains modérés, radicaux socialistes, unis comme un seul homme pour lutter contre eux, pour défendre contre eux la République athée qui nous gouverne (1).

M. Hémon ne parlait pas seulement en son nom personnel, car au moment du vote 330 voix contre 112 se prononçaient en faveur de l'enquête. Et pour que la manifestation d'anticléricalisme fût complète, 310 voix contre 131 votaient l'affichage de son discours.

La Séance du Sénat.

Qu'on ne nous dise pas que ces manifestations d'anticléricalisme sont particulières à la Chambre ; le Sénat lui-même qui passe pour modéré se laissait entraîner, lui aussi, un peu plus tard, à pronon-

(1) La *Vérité* (numéro du 4 mars 1897) le faisait remarquer en ces termes :

« Il ne s'est trouvé personne pour dire : la République, comme vous l'entendez, comme vous voulez qu'elle soit comprise par tous les Français, non, nous n'en voulons pas. Nous ne pourrions en vouloir sans renier Dieu et sans fouler aux pieds notre titre d'enfants de Dieu. Vous dites qu' « une république cléricale », c'est-à-dire chrétienne, « ne pourrait vous inspirer que de l'horreur ».

« Quelle horreur ne nous inspire pas à nous une république telle que vous la concevez, telle que vous la faites, et qui n'est que le *non serviam* de Satan, transformé en formule politique, devenu le principe d'action d'un peuple, et d'un peuple dont le passé est le passé de la France ! Si nous acceptons le fait de la République, ce ne peut être, comme vous l'avez fort bien dit qu' « à correction » ; c'est comme vous l'avez dit encore « pour l'expurger de l'esprit républicain » tel que vous venez de l'exposer.

« Cette déclaration qu'exigeaient les circonstances autant que la hauteur ou plutôt la profondeur à laquelle M. Hémon avait porté le débat, n'a point été faite. »

cer un verdict semblable, lorsque venait le 2 avril, la discussion de l'interpellation de M. Joseph Fabre sur les mesures que le Gouvernement a prises ou compte prendre en présence des menées cléricales et des directions pontificales. Du discours de l'interpellateur nous ne voulons retenir que le passage concernant les ralliés.

Les Ralliés et M. Joseph Fabre.

« Messieurs, pour ma part, je ne suis pas ennemi du ralliement. Je n'en suis pas ennemi, parce que j'estime que la République n'existerait pas s'il n'y avait eu des ralliés.

« Je n'en suis pas ennemi parce que je vois ici des hommes qui servent avec talent et autorité nos institutions et qui, naguère, n'appartenaient pas à la République. Je n'en suis pas ennemi, parce que je sais tout ce que nous devons à M. Thiers qui a été lui-même le premier des ralliés. Je n'en suis pas ennemi, enfin, parce que je comprends que la raison et le patriotisme amènent de plus en plus ceux qui ont l'esprit et le cœur bien placés à la République et parce que mon souhait est qu'un jour vienne où il n'y ait plus chez nous de dissidence sur le principe du gouvernement et où, tous d'accord, nous n'ayons qu'une chose à cœur, c'est de faire notre République grande, prospère par toutes les libertés, par tous les progrès, par toutes les réformes qu'il nous sera possible de réaliser.

« Mais, si je comprends les ralliés de cette sorte, ceux qui sont ralliés par raison, par patriotisme, ceux qui, en un mot, sont ralliés de bonne foi, je ne comprends pas les républicains de fait qui ne sont ralliés que par tactique, je ne comprends pas ceux dont l'arrivée à la République est, non pas l'effet d'une conviction, mais l'unique résultat d'une manœuvre.

« Or, c'est le cas ici, messieurs. Qu'est-ce que le parti catholique qu'on veut former? Ces catholiques avant tout, que sont-ils? Ils sont, messieurs, permettez-moi de vous le dire, les catholiques prêts à tout; prêts à tout, car naguère ils furent les hommes du boulangisme, aujourd'hui ils sont les hommes de l'esprit nouveau. Demain de quoi seront-ils les hommes? Ils seront les hommes de la cause à laquelle sera venu le succès; car ils sont les adorateurs de toutes les forces qui passent. »

Ainsi au Sénat et à la Chambre le langage est le même. Au Luxembourg comme au Palais-Bourbon, on signifie aux ralliés qu'ils n'entreront pas dans la République.

M. Joseph Fabre faisait ensuite le procès au clergé breton qui avait soutenu la candidature de M. l'abbé Gayraud et il demandait au ministre des actes qui montrent le retour de l'Etat à l'affirmation de ses droits, de telle sorte que, « choisissant entre la concentration républicaine et la concentration papale, on se décide enfin pour la concentration républicaine ».

Les Explications de M. Darlan.

M. Darlan répondait au nom du ministère que ce choix était fait. On demande des actes, disait-il, qui prouvent que le Gouvernement ne tolérera pas l'ingérence du clergé dans les luttes politiques.

« Quelles sont les sanctions dont le Gouvernement dispose? Par quels actes peut-il montrer qu'il réprouve véritablement l'ingérence du clergé dans les luttes politiques?

« Il a les suppressions de traitement, les refus d'agrément et les déclarations d'abus.

« En ce qui concerne les suppressions de traitement, j'ai sous les yeux le tableau des suppressions faites soit par l'honorable M. Rambaud, mon prédécesseur comme ministre des cultes, soit par moi depuis que j'ai l'honneur d'être à la tête du ministère des cultes, et je constate que les 13 suppressions de traitement faites par M. Rambaud et les 20 suppressions que j'ai prononcées sont presque toutes motivées par des ingérences dans les luttes politiques et électorales (1), par des actes d'hostilité contre le Gouvernement, par des attaques en chaire contre les autorités locales; en un mot, ce tableau montre par des faits la sanction donnée par nous au principe que j'affirmais tout à l'heure, à savoir que nous ne tolérons pas, quand une indication précise nous est fournie, quand une preuve nous est apportée, l'ingérence du clergé dans les luttes de la politique.

« Les suppressions de traitement que nous avons faites ne s'appliquent pas seulement à des desservants, à des curés.

« Dans les 46 suppressions de traitement actuellement existantes sur 43,148 traitements ecclésiastiques servis par l'Etat, je relève la suppression de traitement d'un évêque, d'un chanoine, de 11 curés, de 23 desservants, de 9 vicaires et d'un pasteur protestant.

« Outre les suppressions de traitement, le Gouvernement a, pour montrer les principes qui le dirigent, les refus d'agrément.

(1) M. Darlan, quelques jours avant cette discussion, avait supprimé les traitements de MM. les abbés Grall et Ollivier, les promoteurs de la candidature de M. l'abbé Gayraud. M. Joseph Fabre avait même reproché au ministre d'avoir agi trop tard.

« Depuis que j'ai l'honneur d'être ministre des cultes, j'ai proposé à l'agrément de M. le Président de la République 218 nominations s'appliquant à 26 vicaires généraux, 32 chanoines, 145 curés; j'ai opposé 28 refus s'appliquant : 2 à des vicaires généraux, 4 à des chanoines, 22 à des curés.

« Presque tous ces refus d'agrément sont légitimés par l'ingérence de ceux qui en ont été l'objet dans les luttes électorales, par leur hostilité au gouvernement de la République et à ses lois.

« Voilà les sanctions que nous donnons à notre réprobation de l'ingérence du clergé dans les luttes politiques. »

De l'énoncé de ces faits, M. Darlan en tirait la conclusion que le ministère avait rempli tout son devoir. Mais M. Joseph Fabre avait fait un autre grief au ministère Méline. Il l'avait accusé de subir les « directions pontificales » d'un souverain étranger, comme l'avait dit M. Garran de Balsan.

Voici ce que répondait M. Darlan :

« Que les déclarations pontificales aient parfois donné lieu à des abus; que, derrière elles, des individualités aient marqué des ambitions personnelles et des visées politiques; qu'il y ait eu des manœuvres faites à l'abri de ce qu'on a appelé les « directions pontificales » cela est hors de toute contestation, mais on ne peut pas sans injustice reprocher au Pape l'abus qu'on a fait de son nom.

« Mais le Pape est-il réellement intervenu dans l'élection de l'abbé Gayraud? »

La Démarche du Nonce.

A cette question ainsi posée, le ministre des cultes répondait par les paroles suivantes sur lesquelles à cause de leur gravité, il nous paraît utile d'appeler l'attention :

« Je suis autorisé à déclarer que le nonce a fait, auprès de notre ministre des affaires étrangères, une démarche spontanée pour protester au nom du Saint-Père contre toute immixtion de celui-ci dans l'élection de la troisième circonscription de Brest. »

Nous ne sachions pas que cette déclaration ait reçu le moindre démenti. Alors, nous le demandons, quel cas faut-il faire des affirmations sans cesse répétées des adversaires de M. le comte de Blois qui présentaient M. l'abbé Gayraud comme le candidat du Pape, de l'évêque du Finistère, des professeurs et des directeurs du grand séminaire? Ceux-là ou bien parlaient avec une légèreté vraiment inconcevable ou bien mentaient impudemment.

Et le Ministre ajoutait :

« Sans vouloir tirer à un degré quelconque vanité de l'accomplissement d'un devoir, nous pouvons constater que neuf chapelles ont été fermées dans les départements de Saône-et-Loire, de l'Isère, des Deux-Sèvres, du Pas-de-Calais, des Vosges et de la Drôme. Elles ont été fermées parce qu'elles avaient été ouvertes illégalement au public.

« J'ai beau chercher, messieurs, j'ai beau passer en revue, dans une sorte d'examen de conscience, les différentes questions sur lesquelles l'attention du ministre des cultes doit être sans cesse en éveil, je ne trouve pas une seule défaillance à reprocher au cabinet. Dans tous les cas, ce serait à M. Joseph Fabre à venir nous apporter ici l'indication d'un cas précis dans lequel le cabinet aurait manqué à son devoir. »

L'Intervention de M. le comte de Blois.

A ces théories qui ne tendent à rien moins qu'à domestiquer le clergé, M. le comte de Blois puis M. de Lamarzelle répondaient éloquemment. Mais quoi, plus leurs arguments étaient puissants et sans réplique, plus aussi ils perdaient la cause qu'ils voulaient défendre. M. le comte de Blois surtout parlait de la pacification religieuse avec une conviction et une chaleur communicatives qui eussent dû désarmer la majorité, si elle avait pu être désarmée, et il avait quelque mérite à le faire puisque, disait-il, « personne plus que lui n'avait souffert d'une lutte où un homme dont il était fier de porter le nom était en butte à d'injustes attaques de la part de ceux dont l'orateur défendait la cause ».

Quant à M. de Lamarzelle il soulignait l'importance de la déclaration du ministre relativement aux directions pontificales : « Le Pape n'a pas de candidats, mais il y a eu des candidats qui se sont couverts du patronage du Pape dans les élections et ces candidats n'étaient ni des catholiques ni des ralliés, mais des républicains, des vrais, comme vous les appelez. »

M. de Lamarzelle en donnait la preuve, en citant un article de la *Dépêche de Brest*. Ce journal l'avait combattu avec succès, par l'argument suivant : « Ne votez pas pour un royaliste, ce n'est pas le candidat du Pape. Le Pape est actuellement avec nous et les catholiques ne peuvent voter que pour les candidats républicains. »

Cela prouve que les républicains ne se gênent pas, pour assurer le succès de leurs candidats, de recourir à des arguments et à des moyens qu'ils reprochent ensuite à leurs adversaires d'employer. M. de Lamarzelle avait donc raison de dire que l'interpellation de M. Joseph Fabre avait le tort d'arriver un peu tard.

Après deux jours de débats au cours desquels M. Méline, président du Conseil, était monté à la tribune pour renouveler et accentuer les déclarations du garde des sceaux, le Sénat adoptait par 175 voix contre 45, un ordre du jour ainsi conçu : « Le Sénat persistant dans ses votes antérieurs, réprouve avec force toute ingérence du clergé dans le domaine politique, approuvant les déclarations du Gouvernement et confiant dans sa fermeté pour défendre les droits de la société civile, passe à l'ordre du jour. »

Ainsi au Palais-Bourbon, vote d'une enquête sur l'élection de M. l'abbé Gayraud parce que celui-ci a été patronné par le clergé; au Luxembourg, vote d'un ordre du jour réprouvant l'ingérence du clergé dans les luttes électorales, le tout à des majorités considérables: l'esprit qui dirige les deux assemblées, qui le domine est donc le même, ce serait folie de vouloir le réformer. Telle est la conclusion qui se dégage nettement, brutalement, des deux séances qui marquent certainement une époque dans l'histoire de la République.

Ces deux séances, nous avons voulu les réunir parce qu'elles se complètent, mais il nous faut maintenant revenir en arrière, au lendemain de la décision prise par la Chambre de nommer une commission d'enquête.

La Commission d'enquête.

Cette commission fut choisie le 9 mars. Elle se composait de onze membres qui se classaient ainsi: trois socialistes MM. Gérault-Richard, Bourrat et Chassaing ; six radicaux : MM. Isambert, Ricard (Côte-d'Or), Le Clec'h, Ballandreau, Rabier, Huguet ; deux républicains modérés, qui avaient fait des déclarations anticléricales : MM. Batiot et Hémon. Mais M. Hémon, à l'instigation duquel avait été nommée la commission, ne tardait pas à comprendre qu'il ne pouvait être juge et un juge impartial, après avoir fait connaître d'une façon si significative son opinion, il démissionnait donc quelques jours plus tard et était remplacé par M. Pochon.

Puis la commission se constituait et nommait président M. Isambert et secrétaire M. Batiot. Enfin, elle décidait de ne pas nommer de sous-commission mais de se transporter tout entière dans la troisième circonscription de Brest, aux frais des contribuables naturellement.

Mais avant de partir, elle entendait M. Gayraud qui renouvelait devant elle les protestations faites dans son discours prononcé devant la Chambre et remettait une liste de témoins que la commission pourrait consulter, au cas où elle voudrait éclairer sa religion.

Munie de cette liste, la commission partait non pas pour la troisième circonscription de Brest, mais pour Quimper où elle allait d'abord rendre visite au préfet du département.

Après cette visite préliminaire, elle s'en allait à Brest, entendait M. le comte de Blois et quelques témoins qu'elle avait convoqués ; puis mêlant, à ce qu'elle pouvait penser, l'utile à l'agréable, elle visitait l'arsenal de Brest, dans un canot que le préfet maritime mettait à sa disposition.

Cependant la commission se transportait à Lannilis, à Lesneven, à Ploudalmezeau, à Saint-Renan, au Conquet, à Ouessant; l'agence Havas avait soin de nous faire savoir que, dans la plupart des communes où elle se montrait, elle était accueillie avec un tel respect, une telle sympathie, que, dans certaines communes, on pavoisait les maisons comme s'il se fût agi d'une visite officielle.

On organisait même des réceptions en l'honneur de certains de ses membres : M. Bourrat, ancien conducteur des ponts et chaussées, était solennellement reçu par ses anciens collègues de Brest.

Au bout de quelques jours de voyage, la commission revenait les mains pleines de preuves des méfaits du clergé, à ce que l'on pourrait croire, puisque l'un de ses membres, à peine débarqué à Paris, faisait part à un rédacteur du *Matin*, non pas des découvertes faites au pays breton mais de la résolution de ses collègues de conclure à l'invalidation de M. l'abbé Gayraud.

A la vérité, cette révélation ne surprenait personne. On savait bien que l'enquête ne pouvait être que le prélude d'une mesure plus rigoureuse.

Ce serait s'illusionner que de croire que cette invalidation ne sera pas prononcée.

IX

Conclusions.

Il n'est pas nécessaire de tirer les conclusions des faits que nous venons de raconter. Cette conclusion se dégage d'elle-même. Les ralliés, interprétant dans un sens rigoureux étroit, on pourrait dire sectaire, les instructions pontificales, ont prétendu n'accorder leurs suffrages qu'à un candidat acceptant la République. Ils avaient fait de cette acceptation une condition *sine qua non.*

C'est même pour cela qu'ils ont fait échec à la candidature de Mgr de Cabrières, et qu'ils ont choisi M. l'abbé Gayraud. Si celui-ci s'était imposé par l'éclat des services rendus, par sa situation personnelle dans le pays ; s'il avait offert toutes les garanties qu'on était en droit d'exiger d'un homme briguant le mandat politique qu'avaient exercé avant lui Mgr Freppel et Mgr d'Hulst, on peut croire que les royalistes, dans l'intérêt supérieur de la concorde et de l'union, se seraient inclinés. Mais du moment qu'on leur offrait un candidat comme M. l'abbé Gayraud, ils ne le pouvaient pas, ils ne le devaient pas.

Le résultat de ce choix malheureux a donc été de couper en deux tronçons, le parti conservateur dans la troisième circonscription de Brest.

Un autre résultat non moins regrettable a été de fournir aux républicains et aux radicaux un terrain d'entente pour s'unir contre les conservateurs : le terrain anticlérical. On ne saurait donc prétendre que les idées conservatrices et catholiques ont gagné quelque chose à l'élection de M. l'abbé Gayraud.

Il ne serait même pas impossible, à en juger par les débats qui se sont institués dans ces derniers temps, que ce fût la question cléricale qui servît de « platform » aux prochaines élections législatives. Il n'y a même plus sur ce point qu'un détail de peu d'importance à régler, celui de savoir si, dans la guerre contre le cléricalisme, on acceptera le concours des socialistes. Nous serions surpris si l'entente ne se faisait bientôt complètement.

Les électeurs de Brest ont-ils, tout au moins, le droit de se réjouir du choix qu'on leur a imposé? On leur avait dit qu'en élisant un républicain, M. l'abbé Gayraud, ils s'assuraient un titre aux faveurs gouvernementales. Et voici que leur élu est mis à l'index par la majorité du Parlement et que les promoteurs de sa candidature sont frappés comme s'ils avaient commis un crime contre la République! Le traitement de M. l'abbé Grall et celui de M. l'abbé Ollivier ont été suspendus par M. le ministre des Cultes.

Enfin peut-on prétendre que la religion a gagné en autorité et en considération auprès des populations si chrétiennes cependant de la troisième circonscription de Brest?

Nous avons voulu être renseignés à cet égard et voici ce que nous avons appris : avant l'élection, dans la plupart des communes, on comptait à grand' peine un homme ne se soumettant pas au commandement :

> Ton Créateur tu recevras
> Au moins à Pâques humblement.

Cette année on a pu remarquer dans nombre de paroisses plus de cinquante hommes n'ayant pas accompli ce devoir religieux.

Ainsi de quelque côté que l'on se tourne pour juger l'élection de M. l'abbé Gayraud, soit que l'on considère l'intérêt de la circonscription qu'il représente, soit que l'on se place à un point de vue plus général, plus élevé, l'intérêt du parti conservateur et catholique, on est amené à reconnaître qu'elle a été une lourde faute.

Cette faute, les républicains catholiques se sont félicités de l'avoir commise ; ils doivent maintenant la regretter.

L'histoire parlementaire de M. l'abbé Gayraud s'est enrichie de plusieurs faits et de plusieurs documents que l'on a voulu consigner dans les chapitres qui vont suivre. Loin de les modifier, ils fortifient plutôt les conclusions que le lecteur a trouvées dans la première édition de cette brochure. Aussi a-t-on cru pouvoir les maintenir et reprendre le récit sans autre préambule.

X

Suppression de traitement.

M. l'abbé Gayraud n'avait pu gagner sa cause, puisque son élection était soumise à l'enquête ; il essaya d'être plus heureux en plaidant celle de ses amis, MM. les abbés Ollivier et Grall, dont les traitements avaient été supprimés, en vertu d'une décision du ministre des cultes. En flétrissant la mesure prise contre les plus acharnés défenseurs de sa candidature, M. l'abbé Gayraud ne donnait pas seulement une preuve de sa reconnaissance; il accomplissait, nous n'hésitons pas à le dire, un acte de justice ; il faisait entendre une protestation parfaitement motivée.

Cette protestation fut portée à la tribune du Palais-Bourbon, dans la séance du 5 avril, sous forme d'une question adressée au ministre des cultes.

La Question de M. l'abbé Gayraud.

Le député de la troisième circonscription de Brest entrait dans le vif du débat en demandant à

M. Darlan les motifs qui l'avaient engagé à frapper MM. les abbés Ollivier et Grall, curés de Lannilis et Ploudalmezeau. Il rappelait ensuite que les traitements ecclésiastiques ne sont pas précisément un salaire, mais bien une indemnité due par l'Etat à l'Eglise, en vertu du décret même qui a aboli la propriété ecclésiastique en France. Il citait avec un à-propos indéniable les paroles de M. Goblet prononcées au cours de la séance du 22 novembre 1883 et par lesquelles celui-ci déclarait qu'en frappant les ecclésiastiques de peines disciplinaires non édictées par la loi, on offrait par là un spectacle profondément affligeant et aussi contraire à la dignité de la religion et des cultes qu'à l'autorité de l'Etat.

Il revendiquait ensuite pour les prêtres, leurs droits de citoyen, par conséquent, la faculté pour eux d'intervenir dans les luttes des partis et il demandait qu'on lui citât le texte de loi en vertu duquel le ministre des cultes avait prononcé les suppressions contre lesquelles s'élevait l'orateur. Il ajoutait que, à supposer que MM. Grall et Ollivier eussent commis une faute, ils devaient être déférés, en vertu de l'article 30 des Organiques, à leur supérieur immédiat, c'est-à-dire à leur évêque.

Cela est vrai et les observations de M. l'abbé Gayraud étaient de tous points fondées. Aussi bien, n'était-ce pas la première fois qu'une pareille protestation retentissait à la tribune du Palais-Bourbon. Elle avait été formulée avec plus de vigueur peut-être, avec une plus grande éloquence certainement par Mgr Freppel, d'abord, plus tard par Mgr d'Hulst, aux applaudissements de toute la droite de la Chambre, chaque année à la discussion du budget des cultes.

Mgr Freppel, Mgr d'Hulst n'avaient pu convaincre une majorité dont le siège était fait d'avance,

M. l'abbé Gayraud ne devait pas être plus heureux; et ainsi recevait un nouveau démenti cette affirmation des ralliés quand même : qu'un député catholique républicain exercerait une influence plus considérable, obtiendrait plus aisément justice que les députés ayant gardé leurs anciennes convictions.

La Réponse de M. Darlan.

Nous devons maintenant donner la réponse de M. Darlan. La voici à peu près *in-extenso* : « Pour expliquer ma conduite, il me suffira de lire, disait-il, la lettre que j'ai adressée à M. l'évêque de Quimper, à la suite des débats qui se sont déroulés à la Chambre à l'occasion de l'élection de la troisième circonscription de Brest.

« Monsieur l'évêque,

« Il a été établi au cours des séances de la Chambre du 25 février et du 4 mars derniers que le clergé de votre diocèse avait abusé de son influence lors des élections législatives du 24 janvier 1897, dans la 3e circonscription de Brest.

« Sans attendre les résultats complets de l'enquête ordonnée le 4 mars, je dois réprimer les manœuvres relevées à la charge de deux titulaires ecclésiastiques, dont la culpabilité me paraît d'ores et déjà établie.

« Il résulte en effet du rapport fait au nom du 6e bureau de la Chambre, ainsi que des déclarations de M. l'abbé Gayraud, que MM. Ollivier et Grall, curés de Lannillis et de Ploudalmézeau, qui ont, d'ailleurs, au point de vue politique, les plus fâcheux antécédents, ont pris une part active à la campagne électorale et ont été de véritables meneurs.

« Ce sont eux qui ont amené leurs confrères de la circonscription à choisir un candidat, à s'organiser en vue de la lutte, à entrer en campagne, à exploiter les sacrements de l'Eglise et à opprimer les consciences dans un but profane.

« J'ai décidé, en conséquence, que MM. Ollivier et Grall cesseraient de recevoir, à dater de ce jour, le payement du traitement attaché à leurs titres, me réservant de m'entendre avec vous sur les conditions dans lesquelles de nouveaux curés pourraient être nommés à Lannilis et à Ploudalmézeau. »

« Cette lettre indique, messieurs, les raisons pour lesquelles j'ai supprimé les traitements de MM. Grall et Ollivier. »

Nous ne ferons pas remarquer ce qu'il y a d'extraordinaire dans le langage d'un ministre qui, se vantant d'être anti-clérical, se plaint que des prêtres aient exploité les sacrements de l'Eglise et opprimé les consciences dans un but profane. On peut bien dire que le ministre s'occupait de choses qui, bien que ressortissant à son département, n'en étaient pas moins étrangères à sa compétence. Il essayait ensuite de montrer qu'il pouvait s'appuyer sur d'illustres exemples et que l'ancien régime avait parfois saisi le temporel des évêques. A cela M. l'abbé Gayraud répliquait qu'il y avait une différence considérable entre la situation de l'Eglise vis-à-vis de l'ancienne monarchie et la situation actuelle de l'Eglise vis-à-vis de la République française.

« Je dis qu'aujourd'hui le traitement ou l'indemnité ecclésiastique n'a pas le même caractère que les propriétés de l'Eglise sous l'ancien régime ; et, fût-il vrai que sous l'ancien régime, l'Etat eût le droit de procéder à la saisie du temporel, ce ne serait plus vrai aujourd'hui parce qu'aujourd'hui vous êtes des débiteurs de l'Eglise. »

Après cette réplique, M. Brisson, président de la Chambre, prononçait la clôture de l'incident. M. l'abbé Gayraud restait toujours soumis à l'enquête, comme ses amis, MM. Grall et Ollivier restaient privés de leur traitement. La moralité de la discussion était fort justement exposée par le *Moniteur universel*, dans son numéro du 7 avril. Nous lui emprunterons ses réflexions :

« Un membre du clergé, élu comme républicain, et se croyant obligé de s'exprimer dès le début de son discours en termes hostiles aux monarchistes est venu à la tribune protester énergiquement contre la politique républicaine à l'égard du clergé. La contradiction était manifeste et d'autant plus expressive que c'est à un cabinet de la nuance dite modérée que les reproches, très justes d'ailleurs, étaient adressés. On a pu constater aussi que, contrairement à certaines théories, il ne servait à rien aux catholiques de se placer sur le terrain républicain pour éviter d'être soumis à un régime d'exception. Tout ce que le député républicain de Brest a dit, un député non républicain l'eût pu développer avec la même autorité, et, en mettant les choses au pis, il ne se fût pas heurté à une résistance plus nette. Nous n'avons pas changé de sentiment sur la question. Nous estimons toujours que c'est par un abus de la force que le gouvernement s'arroge un prétendu droit de suspension sur les indemnités allouées aux membres du culte catholique. Ce n'est pas l'adhésion de M. Darlan qui donnera plus de valeur à la thèse contraire, pas plus que certaines attaques dont M. l'abbé Gayraud n'a pas su s'abstenir ne peuvent infirmer le bien fondé de sa protestation. »

X

La Catastrophe du Bazar de la Charité.

Nous avons exposé un peu longuement peut-être cette affaire de la suppression des traitements de MM. Grall et Ollivier. Si nous avions besoin de nous justifier à cet égard, nous dirions que nous ne faisons point œuvre de polémique, mais d'impartialité. Nous racontons les faits en laissant au lecteur le soin d'en tirer les conséquences qui s'en dégagent. En cette occurrence, il ne nous coûte donc pas de dire que M. l'abbé Gayraud défendait une cause excellente à tous les points de vue ; ses réclamations contre les procédés illibéraux du ministre de la justice et des cultes devaient trouver un écho dans tous les cœurs qu'anime un sincère amour de l'équité. En demandant au nom de quelle loi les promoteurs de sa candidature avaient été frappés, il remplissait non pas une « mission providentielle » mais il tenait son rôle de député et de bon député. Les occasions que nous aurons de le féliciter sont trop peu nombreuses malheureusement, pour que nous ne saisissions pas celle-ci avec empressement.

D'autres incidents allaient se produire, regrettables ceux-là, où l'attitude du député de la troisième circonscription de Brest allait donner lieu à un véritable scandale.

Plus de deux mois se sont passés depuis que la terrifiante nouvelle de l'incendie du grand Bazar de la Charité a secoué Paris, la France, l'Europe, d'un frisson d'horreur pour la catastrophe et de pitié pour les malheureuses victimes qui y ont trouvé une mort effroyable. L'impression ressentie s'est aujourd'hui à peine atténuée. Sous le coup de ce désastre, un seul sentiment avait été éprouvé et s'était exprimé : celui de l'admiration pour ces grandes dames et ces grandes chrétiennes qui, travaillant à la pacification sociale et au rapprochement des classes par la charité étaient tombées en martyres sur le champ où leurs vertus s'exerçaient. Et de toutes parts arrivaient des télégrammes exprimant et l'admiration du monde pour leur dévouement et leur sacrifice.

La Cérémonie de Notre-Dame.

Ce fut un deuil universel auquel s'associa le Gouvernement, en ordonnant une cérémonie funèbre en l'église métropolitaine de Paris. Tout le monde officiel y était représenté. L'autorité diocésaine avait décidé qu'une allocution serait prononcée en cette circonstance et avait chargé le R. P. Ollivier, de l'ordre de saint Dominique, de se faire l'interprète de la douleur de tous et d'exprimer les sentiments de condoléance qu'inspirait l'épouvantable malheur.

Le R. P. Ollivier, en cette circonstance, se livra-t-il à des écarts de langage que ne sauraient excuser les prérogatives accordées à la liberté apostolique? C'est ce que nous n'avons point à décider ici. Il nous suffira de dire que son discours mal apprécié, mal compris certainement, donna lieu à des polémiques, ou tout au moins à des réserves. Les ennemis de la religion y trouvèrent un thème à des attaques violentes qu'ils développèrent avec empressement.

L'Allocution de M. Brisson.

M. Brisson, président de la Chambre, crut devoir, lors de la rentrée du Parlement, se faire leur porte-parole dans une allocution qui obtint les honneurs de l'affichage et les applaudissements de M. l'abbé Gayraud. Nous devons en reproduire la partie principale :

« Nous adresserons un souvenir aux victimes du 4 mai et les plus chaleureux hommages aux citoyens qui ont exposé leur vie pour sauver leurs semblables.

« La France a reçu des marques de sympathie du monde entier. Ces témoignages de la fraternité entre les hommes nous mettent bien loin et planent fort au-dessus de la conception d'un dieu qui, non content d'avoir frappé notre pays il y a vingt-six ans, aurait encore pris une centaine de généreuses femmes en otage de nos crimes, et qui poursuivrait la France de sa colère jusqu'à ce qu'il l'ait forcée à rétablir chez elle l'unité d'obédience.

« Ce langage, messieurs, ne nous troublera pas dans notre respect pour les croyances. Le contraste aura son enseignement et ses résultats.

« En se démasquant à contre-sens de l'émotion universelle, le fanatisme n'aura pas seulement groupé les républicains dans le combat engagé pour l'indépendance du gouvernement des sociétés; il aura réuni dans la même révolte tous les cœurs accessibles à la pitié. »

Qu'un grand nombre de républicains aient donné

une enthousiaste et bruyante adhésion à ces paroles sectaires et haineuses, c'est un spectacle qui ne pouvait étonner; mais ce qui devait surprendre au delà de toute expression, c'était de voir un ancien dominicain, encore revêtu du caractère auguste du prêtre se faire remarquer par l'énergie de son approbation. L'attitude de M. l'abbé Gayraud, dans cette circonstance, parut tellement extraordinaire qu'elle stupéfia jusqu'à ses adversaires. Quelques-uns de ceux-ci y virent une comédie et rappelèrent à ce propos que l'élection de Brest était soumise à une enquête, et, partant de là, le *Voltaire* insinua que M. l'abbé Gayraud n'avait si délibérément donné ses bravos à l'allocution brissonnienne, que dans l'espoir de se concilier, pour le jour de la discussion des conclusions de la commission, les suffrages des radicaux et des socialistes.

Faut-il croire à un tel calcul, à un si profond machiavélisme? M. l'abbé Gayraud n'avait pas compris que, alors même que M. Brisson aurait eu raison contre le P. Ollivier, sa situation d'ancien dominicain, lui imposait la plus absolue réserve ; sans réfléchir autrement, il avait approuvé l'expression de sentiments qui contenaient un blâme à l'adresse d'un de ses frères. Une âme haute et généreuse se fût bien gardée d'agir de la sorte.

Le silence de ses amis, les félicitations des ennemis des croyances religieuses devaient lui montrer l'étendue de la faute commise. Il essaya, nous ne dirons pas de la réparer, il ne le pouvait malheureusement pas, mais de l'expliquer et de l'atténuer.

Ici, nous devons nous borner à citer les pièces de la discussion sans commentaire; tous les commentaires seraient superflus et inutiles.

La Lettre de M. de Mun.

Les paroles de M. Brisson appelaient une énergique protestation. M. l'abbé Gayraud se fût grandement honoré en la présentant. Il n'y songea pas. Cette protestation ce fut M. le comte de Mun qui la fit entendre. Après avoir expliqué qu'il n'assistait pas à l'ouverture de la séance où M. Brisson avait prononcé son discours et que les traditions parlementaires ne lui permettaient pas de prendre la parole à propos du procès-verbal, dans une séance ultérieure, pour exprimer ses sentiments, M. de Mun terminait de cette façon une lettre au président de la Chambre :

« Il m'est impossible, cependant, de ne pas faire entendre publiquement la déclaration que j'aurais voulu porter à la tribune.

« Le président de la Chambre me paraît, en effet, avoir outrepassé son droit, en opposant à la thèse formulée hors de cette Assemblée, et du fauteuil où sa parole est soustraite à toute discussion, une réponse directe qui est elle-même une thèse doctrinale présentée sous une forme blessante pour la foi catholique.

« Un tel langage ne pouvait à mes yeux être tenu au nom de la Chambre. L'affichage de votre discours, monsieur le président, en aggravant cette manifestation en fait une offense contre les sentiments chrétiens d'une grande partie de la nation. Elle appelle une ferme protestation.

« La catastrophe du 4 mai était un malheur assez grand pour n'éveiller dans les âmes que de douloureuses pensées, et des méditations dont la conscience de chacun peut, seule, dicter l'inspiration.

« Les familles qu'elle a cruellement frappées ne

peuvent trouver leur consolation que dans la foi qui les soutient, et si la compassion publique leur est de quelque soulagement, c'est à la condition qu'elle ne s'exprime pas dans une sorte d'injure à leurs croyances, qui n'en ferait, pour elles, qu'une douleur de plus. »

Ainsi le discours qui était jugé avec tant de sévérité par M. de Mun, dont on ne contestera pas le ralliement à la République, non plus que les convictions catholiques, avait été applaudi par M. l'abbé Gayraud !

« L'Univers » et la « Libre Parole ».

L'*Univers* se rendit bien compte du préjudice que ces applaudissements malencontreux allaient causer à celui dont il n'avait pas un seul instant su défendre la cause. Il publiait, dans son numéro du 28 mai la note suivante :

« Quelques journaux blâment l'attitude de M. l'abbé Gayraud durant le discours sectaire de M. Brisson contre le sermon du R. P. Ollivier à Notre-Dame. Ils disent que l'abbé Gayraud a applaudi avec enthousiasme, fréquemment, et qu'il a approuvé dans les couloirs le langage de M. Brisson.

« Ces dires sont inexacts. M. Gayraud n'a applaudi, ni fréquemment, ni avec enthousiasme, ni surtout jusqu'à la fin, et il a nettement déclaré dans les couloirs qu'il désapprouvait le président de la Chambre. Inutile d'ajouter que si le député de Brest n'était pas privé du droit de vote, il aurait voté contre l'affichage. »

Cette déclaration attirait à l'*Univers* cette verte

réplique de M. Papillaud, rédacteur parlementaire de la *Libre Parole :*

« Devant toute la Chambre, M. l'abbé Gayraud a applaudi, ouvertement, bruyamment, au discours de M. Brisson.

« A moi-même, quelques minutes plus tard, il a dit : « Oui, j'ai applaudi et j'applaudis encore. » J'ai écrit cette déclaration et je l'ai montrée, devant des confrères, au député de Brest, qui m'a répété que c'était bien là sa pensée. J'ai encore le papier dans ma poche à la disposition du rédacteur de l'*Univers*.

« Nous avons ici pris la défense de l'abbé Gayraud candidat. Nous avons pris aussi la défense du député que, sans motifs, seulement parce qu'il est prêtre, une majorité de sectaires veut invalider.

« Nous ne regrettons pas ce que nous avons fait, mais nous serions bien en droit de le regretter, si nous voyions ce prêtre recourir au mensonge, même pour sortir d'un mauvais pas. »

Ainsi mis en cause, M. l'abbé Gayraud comprit qu'il ne pouvait se soustraire plus longtemps à l'impérieuse nécessité de donner des explications. Voici la lettre qu'il fit parvenir à l'*Univers* :

Inexpérience, naïveté ou ignorance.

« Paris, le 20 mai 1897.

« MONSIEUR LE RÉDACTEUR EN CHEF,

« Si le règlement de la Chambre m'eût permis de demander la parole pour un fait personnel au sujet des applaudissements que j'ai donnés au discours de M. Brisson dans la séance de mardi dernier, je me serais volontiers expliqué à la tribune et j'aurais répondu aux reproches trop vifs, je pourrais presque dire aux attaques passionnées, dont je suis l'objet depuis deux jours. Mais l'on ne peut, paraît-il, occuper la Chambre d'un incident de ce genre. C'est pourquoi je vous prie de m'ouvrir les colonnes de votre journal.

« Je consentirais à subir les reproches d'inexpérience, de naïveté, voire même d'ignorance de la tactique parlementaire. Et il est possible que dans ce cas particulier j'aie fait preuve de tous ces défauts-là. Mais ce que je ne puis souffrir, c'est que l'on m'accuse d'avoir rougi du christianisme, d'avoir approuvé lâchement un discours antichrétien. Je suis soldat de Jésus-Christ, et à de telles accusations de lâcheté, presque de trahison, il me faut répondre.

« En écoutant les paroles prononcées par M. Brisson, je n'ai pas eu l'impression, je n'ai pas vu tout d'abord qu'elles fussent dirigées contre la doctrine chrétienne. Ce dieu, dont il a parlé, « qui non con-
« tent d'avoir frappé notre pays, il y a vingt-six ans,
« aurait encore pris une centaine de généreuses
« femmes en otage de nos crimes », ce dieu-là je ne le reconnais pas pour notre Dieu. Peut-être M. le président de la Chambre visait-il en effet le Bon Dieu que nous aimons, que nous servons et que nous prêchons. Cette arrière-pensée m'échappe : quoi qu'il en soit, je n'ai pas eu cette impression, je n'ai pas vu cela au moment où il parlait. J'écoutais les paroles, que je ne saisissais même pas toutes, et j'entendais seulement une protestation véhémente, sur l'opportunité de laquelle je ne réfléchissais pas, contre une certaine manière de comprendre, au point de vue providentiel, la catastrophe du Bazar de la Charité. Et il me paraissait juste,

nécessaire même, de ne pas laisser croire à la Chambre que cette manière de voir et de parler, contre laquelle s'élevait M. Brisson, était celle de tous les catholiques, de tous les prêtres. De là mes applaudissements.

« Vous le savez comme moi, monsieur le rédacteur en chef, la morale surnaturelle du christianisme repose sur deux lois, celle de l'Expiation et celle de la Rédemption qu'il faut se garder de pousser à l'excès. La première nous apprend que tous les maux de cette vie ont le caractère de peines infligées à l'humanité à cause du péché originel. Dans l'intention de Dieu nous devons profiter de ces maux pour expier nos fautes et mériter le bonheur céleste. Conclure de cette loi générale que les maux qui affligent un homme en particulier sont des châtiments mérités par les péchés de cet homme, c'est outrer et fausser la loi, c'est tomber dans une erreur que Jésus-Christ lui-même a réprouvée ouvertement. La seconde loi, celle de la rédemption, édicte que, devant la justice divine, un innocent peut être admis à se substituer au coupable et à payer pour lui. C'est en vertu de cette loi de solidarité rédemptrice, juste compensation de la loi de solidarité expiatrice, que Jésus-Christ est mort sur le Calvaire pour les péchés de tout le genre humain. Ce serait évidemment dénaturer le sens de cette loi que d'imaginer un dieu qui se saisirait de l'innocent pour l'immoler à la place du coupable. Non, ce dieu-là ne serait pas notre Dieu. Notre Dieu accepte l'offre volontaire que l'innocent fait de lui-même à la justice divine, il agrée cette héroïque substitution; il ne se jette pas sur l'innocent, il ne le guette pas, il ne lui tend pas des pièges, en vue de se l'offrir en sacrifice à la place du pécheur. Ai-je besoin d'ajouter que le coupable ne bénéficie pas sans conditions, sans repentir, sans expiation personnelle, de la substitution des souffrances, des mérites de l'innocent. Voilà le fond du christianisme.

« Je n'ai pas vu, je le répète, que M. Brisson attaquât par ses paroles cette doctrine catholique.

« Mais j'ai vu nettement que M. Brisson protestait contre une manière de voir toute personnelle de l'orateur de Notre-Dame, au talent et au zèle duquel je suis heureux de rendre le plus complet hommage, et contre l'exposé inopportun de cette opinion personnelle dans de telles circonstances. Le R. P. Ollivier a cru devoir affirmer que la catastrophe de la rue Jean-Goujon était l'expiation des péchés de la France, comme l'avaient été nos défaites de l'année terrible. Je dis que c'est là une interprétation toute personnelle, et non pas un point de la doctrine chrétienne. Je ne dis rien de plus sur ce sujet; et quant à l'opportunité de produire à Notre-Dame, dans ces circonstances, cette opinion individuelle, je m'en tiens au sentiment à peu près unanime qui s'est manifesté au sortir de la cérémonie.

« J'ai cru, soit inexpérience ou naïveté, soit ignorance comme l'on voudra, qu'en applaudissant aux paroles de M. le président de la Chambre, je marquais seulement l'inopportunité du discours de Notre-Dame et le caractère tout personnel de la manière de voir de l'orateur. Des amis veulent bien me dire qu'il eût été mieux de m'abstenir. Je ne contesterai pas avec eux. Toujours est-il que, dans ma conscience, je n'ai pas approuvé un discours antichrétien ni rougi de l'Evangile. Mes amis le savaient ; je l'écris ici pour mes adversaires.

« Je suis, cher monsieur le rédacteur en chef, votre serviteur tout dévoué en Jésus-Christ.

« Abbé Gayraud,
« *député du Finistère.*

« *P.-S.* — Ce que l'*Univers* a rapporté hier concernant mon attitude durant le discours de M. Brisson est exact, si ma mémoire est bien fidèle : je n'ai applaudi que deux fois, la seconde modérément et pas à la fin. J'ai dit dans les couloirs que je ne regrettais pas d'avoir applaudi, que le sermon de Notre-Dame avait mérité la protestation du président, mais que je n'approuvais pas tout ce que le président avait dit, son langage me paraissant excessif. Je me suis quelquefois reconnu des torts ; jamais je n'ai sciemment et volontairement recouru au mensonge pour me tirer d'un mauvais pas. Ceux qui me connaissent n'ont pas besoin que je l'affirme. »

Nous avons tenu à reproduire en entier cette longue lettre de M. l'abbé Gayraud, parce que tout accusé a le droit d'être entendu et que c'est un devoir de faciliter sa défense, dans la mesure du possible; mais de toutes les explications si longues et si embarrassées qu'il présente, il résulte qu'il reconnaît avoir réellement fait ce que ses adversaires lui reprochent.

Une Contradiction.

Le *Moniteur universel* (1) en termes mesurés et précis faisait remarquer cet aveu de M. l'abbé Gayraud. Il résulte de sa lettre, disait-il, que sans se rendre compte de ce qui se passait, sans se rendre compte de ce qu'il faisait, il a applaudi à deux reprises M. Brisson. Il a dit, en outre, dans les couloirs de la Chambre qu'il ne regrettait pas d'avoir applaudi.

(1). *Moniteur universel* du 22 mai 1897.

Or, si l'on reprend la note de l'*Univers*, on voit que cette note est en complète contradiction avec la lettre de M. l'abbé Gayraud. Elle affirmait, en effet, que M. Gayraud n'avait pas approuvé le langage du président de la Chambre. La *Libre Parole* (1), par l'organe de M. Papillaud, faisait ressortir ces contradictions et en tirait la conclusion suivante :

« On disait avant-hier que M. l'abbé Gayraud n'avait pas applaudi, et hier le même abbé Gayraud déclarait qu'il avait applaudi deux fois.

« On disait que M. l'abbé Gayraud avait désapprouvé dans les couloirs le langage de M. Brisson, et le même abbé Gayraud avoue qu'il a approuvé la protestation faite contre le discours du P. Ollivier !

« Je rétracte ! J'ai dit hier à l'abbé Gayraud qu'il avait menti ! C'est une erreur. Il a essayé de mentir, mais n'a pu y parvenir. Ce n'est pas de sa faute. M. l'abbé Gayraud n'est pas un menteur, c'est un inconscient ! »

Inconscient ? Peut-être. En tout cas, les socialistes n'en croyaient pas un mot. Ils n'oubliaient pas que M. l'abbé Gayraud n'était pas validé et ils ne se gênaient pas pour répéter que ses applaudissements avaient été donnés comme nous l'avons déjà dit en pleine connaissance de cause et dans un but intéressé. Nous avons cité plus haut l'opinion du *Voltaire* (2). Voici celle de la *Petite République* : « M. Gayraud a grande envie d'être validé. Le concours bienveillant de M. Brisson lui paraît plus efficace pour cela que celui du Pape et même de Dieu. »

Voilà à quels blasphèmes donnait lieu « l'inconscience » du député de Brest !

(1) *Libre Parole* du 22 mai 1897.
(2) Voir page 105.

Une Demande d'explication.

Quelque regret que nous ayons de nous étendre sur ce triste sujet, il nous faut encore donner les lettres échangées entre M. Louis Auvray, directeur de l'*Echo de la Mayenne* et M. l'abbé Gayraud. Elles résument le débat et en donnent la conclusion. M. Auvray avait demandé à M. Gayraud de lui expliquer son étrange conduite en indiquant les motifs qui lui permettaient d'attendre, nous dirons mieux d'exiger une réponse :

« Laval, le 21 mai 1897.

« *A Monsieur l'abbé Gayraud,*
député.

« MONSIEUR LE DÉPUTÉ,

« Lors de votre passage à Laval, j'ai applaudi à votre grand talent et à la magistrale leçon que vous avez donnée aux puissants qui vous écoutaient.

« Lors de votre élection dans le Finistère, je n'ai pas été hostile à votre candidature et je me suis même fait, à ce sujet, plusieurs ennemis.

« Ces titres sont-ils suffisants pour vous demander un mot d'explication sur vos applaudissements à la Chambre, pendant que le président Brisson prononçait son inqualifiable discours ?

« Je l'espère.

« Je viens de lire votre lettre dans l'*Univers* et, pour mon compte, je n'y comprends rien, rien...

« Votre Dieu n'est-il plus le Jéhovah terrible de la Bible ? N'est-il plus le Dieu qui frappa Job, le saint homme Job, et qui lui enleva ses enfants et ses serviteurs, dans des catastrophes qui rappellent celle du Bazar de la Charité ? N'est-il pas, en un mot, le Dieu qui demande immolation et qui exige sacrifice ?

« Si oui, Monsieur l'abbé, expliquez-nous, je vous en conjure, votre attitude. »

Voici quelle a été à cette lettre la réponse de M. l'abbé Gayraud :

CHAMBRE
DES DÉPUTÉS

23 mai 1897.

« MONSIEUR,

« J'ai applaudi au *début* du discours de Brisson, et j'ai voulu montrer à la Chambre que la protestation du président contre le P. Ollivier n'atteignait pas l'Eglise ni sa doctrine. Je dois avouer que les paroles de Brisson n'arrivaient pas distinctement à mon oreille, et que je n'ai vu tout d'abord que la *protestation* contre une maladresse et une inconvenance. Comment les personnes sensées, qui ne sont pas de mes *ennemis féroces*, peuvent-elles s'imaginer que j'aie donné mes applaudissements à une *attaque haineuse* contre le christianisme ? Voilà où est le *scandale*, à mon avis, et non pas dans la *gaffe* de mes applaudissements.

« Ma lettre à l'*Univers* est fort claire, me semble-t-il. Elle explique nettement dans quel sens Dieu a porté la loi de la solidarité expiatrice. Notre Dieu n'est pas un *Moloch*. Lisez les commentateurs des Ecritures ; lisez seulement ce qu'ils disent sur les paroles de J.-C. expliquant les raisons de la cécité de l'aveugle-né (chapitre 9 de saint Jean). Vous verrez que cette *conception brissonnienne* d'un Dieu choisissant les victimes du Bazar de la Charité pour se les immoler en expiation de nos crimes, n'a rien de chrétien. Que le Bon Dieu ait agréé le sacrifice que quelques-unes de ces victimes ont fait d'elles-mêmes à ce moment terrible, je le crois, je l'espère avec bonheur. Mais ni la raison ni la foi ne nous permettent d'aller au *molochisme*.

« Les maux de Job ont eu le caractère d'*épreuve* et non de *châtiment et d'expiation*. Les amis de Job étaient *molochistes*.

« Brisson s'est élevé contre le *Dieu-Moloch*. Ce n'est pas notre Dieu. »

Un Jugement.

M. Auvray ne cachait pas le désappointement que lui causait une telle réponse ; il faisait ressortir l'insuffisance, la pauvreté des raisons alléguées et il ajoutait :

« Cette lettre, à notre humble avis, venant après la lettre à l'*Univers*, doit mettre fin à la carrière politique de M. l'abbé Gayraud, qui ne nous paraît pas avoir le sang-froid nécessaire pour un législateur.

« M. l'abbé Gayraud est un excellent prêtre, c'est même un orateur très distingué, un orateur de première envolée ; le discours qu'il prononça dans la cathédrale de Laval, le 26 février 1896, nous avait fait penser qu'il occuperait une grande place au Palais-Bourbon.

« Mais son attitude, depuis qu'il est à la Chambre, nous a enlevé toutes nos illusions. Voyons, qu'est-ce que c'est qu'un député qui applaudit à ce qu'il n'entend pas ?

. . . .

« Hélas ! le caractère n'est pas à la hauteur du talent ou plutôt l'absence complète de caractère oblige l'ancien député de Brest à reprendre sa place dans les rangs des humbles. »

On ne saurait ni penser plus justement ni mieux dire. Et maintenant, nous le demandons à tous les partisans de la candidature de M. l'abbé Gayraud, à tous ceux qui ont combattu M. le comte de Blois, sous le prétexte qu'il était un réfractaire, un mauvais catholique, un ennemi de la religion : Etes-vous encore fiers de celui que vous avez élu à sa place, de celui que vous lui avez préféré ?

Nous attendrons les actes de M. l'abbé Gayraud pour le juger, disait naguère l'*Univers*. Des actes ? Les applaudissements au discours de M. Brisson doivent suffire. Le député de la troisième circonscription de Brest a donné sa mesure. Il doit reprendre sa place parmi les humbles. Ce n'est pas nous qui tenons ce langage, c'est M. Auvray, rédacteur en chef de l'*Echo de la Mayenne*, c'est un ami.

L'Interpellation de M. Georges Berry.

Un jour, cependant, une occasion s'offrit à M. Gayraud de faire oublier ou, tout au moins, d'atténuer le scandale dont il s'était rendu coupable ; c'est lorsque, le 29 mai, vint devant la Chambre l'interpellation de M. Berry sur les responsabilités administratives encourues dans la catastrophe du Grand Bazar de la Charité. Le débat ne tarda pas à dévier ; et il fut de nouveau question et de l'allocution du R. P. Ollivier et du discours de M. Brisson. M. l'abbé Gayraud avait là une belle occasion de se justifier, si ses intentions avaient été calomniées comme il le prétend. Il garda le silence et se tint immobile à son banc. L'approbation qu'il avait donnée explicitement au langage sectaire du président de la Chambre lui suffisait.

Responsabilité précisée.

Plusieurs de ses amis allaient plus loin, ils voulaient faire croire que M. l'abbé Gayraud n'avait pas été le seul à approuver M. Brisson et que bon nombre de membres de la droite l'avaient imité dans son inexpérience ou son inconscience. Le *Courrier du Finistère* n'hésitait pas à publier cette contre-vérité. Il s'attirait aussitôt de M. Emile Villiers, député du Finistère, la réplique suivante :

« J'appartiens au groupe de la droite, et je considère, après la lecture de votre article, que je dois aux électeurs qui m'ont élu et qui, jusqu'à ce jour, n'ont cessé de me témoigner leur confiance et leur sympathie, quelques mots d'explications.

« Je n'assistais pas au début de la séance du 18 mai ; mais ce que j'affirme, après les renseignements très précis que j'ai recueillis, c'est qu'aucun membre catholique des groupes de droite, royaliste, bonapartiste ou constitutionnel, ne s'est associé, par ses applaudissements, à un langage qui froissait, au même titre, ses sentiments de catholique et de Français.

« Si personne ne s'est levé pour combattre la proposition d'affichage, c'est que la rapidité avec laquelle le vote, à mains levées, a eu lieu, au milieu des acclamations enthousiastes de la majorité, n'a pas permis à ceux qui étaient présents de monter à la tribune pour flétrir, comme elles le méritaient, les paroles qui venaient d'être prononcées du haut du fauteuil présidentiel et qui étaient un outrage adressé tout à la fois au distingué prédicateur de Notre-Dame, qui appartient à un ordre religieux pour lequel nous professons tous le plus profond respect, à nos convictions personnelles et aux sentiments des populations que nous représentons.

« Vouloir atténuer la faute, l'inconscience ou l'inexpérience, comme vous voudrez l'appeler, d'un homme dont vous vous honorez d'être l'ami et qui s'honore d'être le vôtre, est assurément fort respectable, et contre quoi je me garderai bien de récriminer : mais lorsque, pour pallier cette faute, cette inconscience ou cette inexpérience, on cherche à jeter calomnieusement le discrédit sur un groupe parlementaire tout entier, et à amoindrir, aux yeux de l'opinion publique, des hommes qui ont toujours été les serviteurs dévoués des intérêts de l'Eglise, c'est là un système de polémique qui peut être en usage dans certaine presse mais qui devrait être banni des colonnes d'un journal qui s'intitule : « Catholique avant tout ».

J'affirme donc que les députés de la droite n'ont pas eu à se ressaisir, comme vous l'insinuez inexactement; j'affirme qu'ils n'avaient pas à reconnaître qu'ils s'étaient trompés, attendu que, ni au début, ni pendant, ni à la fin du discours présidentiel, aucun applaudissement n'était parti de leurs bancs.

« Voilà la vérité sur ce regrettable incident, qu'aucun journal de Paris, depuis l'*Univers*, dont vous ne récuserez pas le témoignage, jusqu'à d'autres journaux que vous qualifiez de réfractaires, n'a reproduit dans les termes que vous indiquez.

« *A chacun*, dites-vous, *sa part de responsabilité*. J'ai tenu à dégager la mienne, et c'est le motif pour lequel j'ai cru devoir rectifier vos allégations.»

M. Emile Villiers ne dégageait pas seulement sa responsabilité, il précisait en même temps celle de M. Gayraud et c'était là une besogne utile, une œuvre nécessaire, en présence des équivoques que cherchaient à créer les amis de l'inconscient approbateur du discours brissonnien.

XII

Le Rapport de M. Rabier.

Pendant que M. l'abbé Gayraud essayait, si nous nous en rapportons à la *Petite République* et au *Voltaire*, de se concilier par les moyens que nous venons d'indiquer, la faveur de ses adversaires, M. Rabier rédigeait son rapport au nom de la commission d'enquête et concluait à l'invalidation.

C'est un véritable chef-d'œuvre que ce rapport, au point de vue typographique s'entend. Tous les méfaits commis par les partisans de la candidature de M. Gayraud sont étiquetés, catalogués avec un soin extrême. Il y a le chapitre consacré au fait de pression général, le chapitre sur les distributions d'argent; le chapitre relatif aux menaces de l'enfer, le chapitre concernant la propagande au prône, le chapitre sur les intimidations aux femmes; le chapitre sur le candidat du Pape et de l'Eglise, etc., etc. On y trouve un luxe de détails, une abondance de renseignements poussés jusqu'à la minutie. Jamais réquisitoire aussi volumineux ne fut dressé contre l'ingérence cléricale dans les élections; il ne contient pas moins de deux cent quatre-vingts pages. Seulement dans ce total les annexes y entrent pour la plus grosse part, soit pour cent trente-trois pages, en sorte que le rapport proprement dit ne se compose en réalité que d'une quinzaine de pages, car dans le rapport lui-même, il y a un grand nombre de dépositions qui logiquement auraient trouvé leur place dans les pièces justificatives.

Les annexes nous les connaissons presque toutes; nous y retrouvons : le rapport de M. Isambert, la discussion à la Chambre des conclusions de ce rapport, des extraits des articles du *Courrier du Finistère*. Nous avons déjà mentionné ou analysé ces pièces et nous n'y reviendrons pas.

Nous n'avons pas non plus à nous expliquer sur le rôle du clergé dans les élections, sur ses droits et ses devoirs; toutes ces questions ont été traitées précédemment. M. Rabier appuie sa demande d'invalidation sur ce que les partisans de M. l'abbé Gayraud ont présenté sa candidature comme agréable au Souverain Pontife et comme ayant été recommandée par lui; sur ce que le clergé a usé et abusé de la chaire et du confessionnal pour le faire élire; sur ce qu'il a eu recours à la menace pour faire voter pour lui.

M. Rabier résume dans son rapport bon nombre de dépositions de témoins qui semblent justifier ses conclusions.

Quelques dépositions.

Nous allons en donner quelques-unes.

M. Jouve, instituteur à Lanildut :

« On s'est servi du nom du Pape dans toute la région. Voter contre l'abbé Gayraud, c'était voter contre le Pape. J'insiste spécialement sur ce point : cette appréciation produit grand effet. »

M. Bégoc, ancien maire,
à Lampaul-Ploudalmézeau :

« J'ai entendu le curé dire : « Pourquoi n'avez-

« vous pas voté pour le Saint-Père? » Tous les dimanches il revient sur ce point. »

MM. le docteur Leport et Masson, négociant à Lanildut :

« M. Prigent (vicaire) nous a dit : « Votez pour « M. l'abbé Gayraud, parce que c'est le candidat du « Pape. » Sans cette propagande, M. Gayraud ne passait pas.»

M. de Riverieulx, maire à Tréglonou :

« A une messe matinale, le recteur a déclaré qu'il fallait voter pour la religion et pour obéir au Saint-Père, afin de ne pas s'exposer à la damnation, à la réprobation et au malheur éternel.

« Il a été parlé du devoir des chrétiens. On faisait comprendre qu'il fallait voter pour l'abbé Gayraud sans le nommer. Le clergé, ayant fait ce choix, voulait le faire nommer. Selon moi, il a été dit qu'on devait obéir aux ordres du Souverain Pontife. »

M. Buors, cultivateur à Tréglonou :

« A la grand'messe, le vicaire de Plébouret a dit qu'il fallait voter pour le Pape et non pour les francs-maçons, que le sang coulerait si on votait pour ces derniers! »

M. de Poulpiquet père, à Plouguerneau :

« L'autorité du Pape était partout invoquée et on reprochait à M. de Blois de ne pas se soumettre aux instructions pontificales.

« L'abbé Ollivier a dit devant moi qu'on reconnaissait un bon catholique à sa soumission aux ordres pontificaux. Il refusait cette qualité à M. de Blois. »

M. de Kersauzon, propriétaire à Trébabu :

« Le témoin confirme le fait de propagande par l'abbé Guillerm, qui a dit que ceux qui voteraient pour M. de Blois voteraient contre le Pape, l'évêque, le recteur et la religion, et, par suite, seraient condamnés aux peines éternelles. Ces propos ont été répétés de maison en maison par le recteur. »

Du moment que M. l'abbé Gayraud était le candidat du Pape, le clergé ne s'est pas gêné pour faire une propagande active en sa faveur. Il a eu recours souvent à la menace pour lui assurer des voix.

Déposition de M. Fichon, à Lanildut :

« Le clergé, surtout M. Pelleau, vicaire à Guipavas, a fait une propagande énorme.

« M. Gayraud s'appuyait sur l'exemple de MM. d'Hulst et Freppel, pour faire des réunions dans les églises.

« La propagande a été beaucoup plus vive que pour les élections précédentes. Les faits sont très nombreux. Je pourrais en citer jusqu'au soir. »

Déposition de M. Léost, à Brélès :

« Le succès de M. Gayraud est dû à la rage propagandiste du clergé. »

Déposition de M. Marzin, à Landunvez :

« La propagande a été plus vive que jamais et a beaucoup nui à M. de Blois. Si le clergé n'avait pas agi aussi vigoureusement, M. de Blois passait. C'était l'homme du pays.

« J'ai vu une lettre de séminariste engageant à voter contre M. de Blois. »

Déposition de M. Bégoc, à Lampaul-Ploudalmézeau :

« J'ai entendu moi-même le prêtre dire qu'il fallait cracher à la figure des adversaires de M. Gayraud. J'étais dissimulé derrière un pilier avec Branellec, au lieu d'être à ma place habituelle près de la chaire. »

Le refus des sacrements.

Voici maintenant une accusation plus grave portée contre le clergé. Il s'agit du refus des sacrements fait à des électeurs qui n'étaient point disposés à voter pour M. l'abbé Gayraud. Le rapport fait observer, non sans raison, que, dans la circonscription dont il s'agit, un grand nombre de fidèles s'approchent souvent du tribunal de la pénitence au cours de l'année, et tous, certainement, à Pâques, en sorte que beaucoup d'entre eux peuvent se trouver fréquemment exposés à ce refus, qui est pour eux une véritable calamité. Il cite les faits suivants :

Déposition de M. Le Guen, à Plouguin :

« La sœur de M. le curé m'a dit : « Tiens, vous « voilà aussi, bande de canailles ! Nous avons « gagné malgré cela. » Le vicaire m'a refusé l'entrée du confessionnal en me fermant le guichet au nez. »

Déposition de M. Kercaven, de Ploudalmézeau :

« Le vicaire de Ploudalmézeau, M. Horellou,

m'a refusé l'absolution parce que je ne voulais pas faire connaître pour qui j'avais voté. »

Déposition de M. Cann Lesuy, à Guissény :

Le vicaire lui a demandé, sa confession finie, pour quel candidat il avait voté. « Je lui ai répondu que j'avais voté selon ma conscience. Il insista. Je lui dis : « J'ai voté pour M. de Blois », et, pour ce motif, l'absolution m'a été refusée. Il m'a fermé le guichet du confessionnal. »

Déposition de M. Goualc'h, à Guissény :

Le vicaire lui demanda s'il avait bien voté. « Je lui demandai ce qu'il entendait par là. Il me répondit : « C'est voter pour M. Gayraud. » Mais il me demanda si une autre fois je voterais pour lui. Répondant négativement, il me ferma le guichet du confessionnal. »

La Propagande auprès des femmes.

Il mentionne encore la propagande faite auprès des femmes.

Déposition de M. de Riverieulx, à Tréglonou :

Le curé s'est tourné vers les femmes en leur disant : « Vous femmes, qui savez défendre vos prêtres. » En hommes qui se rendent compte de toutes les puissances et de toutes les faiblesses, les curés donnent comme suprême moyen un conseil qui pour sortir de la bouche d'un prêtre n'en a que plus de saveur.

« Si votre mari vote mal, disent-ils, ce soir vous lui tournerez le dos. »

Déposition de M. de Kervasdoué.

Les prêtes faisaient des visites dans toutes les maisons, distribuaient des photographies de M. Gayraud et disaient aux femmes : « Si votre mari ne veut pas voter pour M. Gayraud, tournez-lui le dos ce soir. »

Nous devons ajouter que certaines de ces dépositions sont contredites, nous ne dirons pas détruites, par des affirmations venant des partisans de M. l'abbé Gayraud. Mais nous n'avons pas à nous prononcer sur la valeur des unes et des autres. Nous ferons remarquer seulement ici qu'il est fâcheux que le clergé n'ait pas agi avec plus de circonspection, en toute cette affaire. Il n'aurait pas dû prêter le flanc à des accusations qui tendent à faire croire qu'il a oublié l'œuvre de pacification et de concorde à laquelle il doit consacrer tous ses soins, pour entreprendre une œuvre de division et de haine.

M. Rabier conclut ainsi :

La Conclusion de M. Rabier.

« Vous jugerez la cause qui vous est soumise, non d'après l'appréciation de votre commission, mais d'après les faits établis, sur le vu de documents authentiques et probants.

« Vous y verrez que dans toute cette campagne électorale qui a précédé le scrutin du 24 janvier dans la 3ᵉ circonscription de Brest, dans cette propagande sans frein et sans mesure qui a amené l'élection de M. l'abbé Gayraud — beaucoup de témoins ont dit à la commission que, sans cette ingérence excessive du clergé, M. le comte de Blois, qui est du pays, eût triomphé — peu de faits sont directement imputables au candidat qui a remporté la victoire. L'abbé Gayraud s'est contenté de se montrer dans les églises; il a pris la parole dans deux ou trois réunions, se reposant sur ses auxiliaires du soin de faire le reste : ils n'ont pas trompé ses espérances et ils ont même dû le surprendre par leur ardeur et leur dévouement à sa cause. Comment en eût-il été autrement ? N'étaient-ce pas leurs propres intérêts qu'ils défendaient ? Et aynat eux-mêmes choisi leur candidat, ne devaient-ils pas le soutenir de tout leur pouvoir et de toute leur autorité?

« Le clergé breton a voulu assumer toute la responsabilité et il faut lui rendre cette justice qu'il a pleinement réussi. Mais, un peu ébloui par la puissance qu'il exerce dans cette région, il ne s'est pas rendu compte qu'en d'autres points de la France on voyait son action d'un œil moins favorable et qu'on n'admettait pas aussi passivement qu'en Bretagne son intervention. Bien que devant être instruit par les expériences des enquêtes parlementaires de 1876 et de 1885, il n'a pas pensé qu'on irait jusque dans ses fiefs électoraux étudier ses procédés de propagande et scruter la conscience des électeurs. Aussi s'est-il laissé aller aux excès regrettables que nous avons signalés et qui, aux yeux de la commission, motivent, et bien au delà, l'invalidation que nous avons l'honneur de vous demander de voter.

« Les partisans de M. l'abbé Gayraud nous ont dit, au cours de l'enquête, qu'invalider leur élu, c'était lui préparer un nouveau succès plus éclatant. Ce n'est pas notre sentiment : la visite de la commission, son activité et son impartialité ont surpris le clergé, en même temps qu'elles ont produit sur les consciences une impression très salutaire et très vive. Nous nous sommes attachés à faire sentir aux électeurs toute l'étendue de leurs droits, à préparer leur émancipation du joug qui les opprime; nous avons la confiance que dans une nouvelle élection ils seront moins sensibles à la pression et aux menaces et sauront enfin, dans ce coin de la Bretagne comme dans les autres circonscriptions de France, affirmer courageusement leurs opinions et leurs convictions. »

Nous ne savons si l'impression produite en Bretagne par la commission a été aussi vive que le prétend M. Rabier. On croit facilement ce que l'on désire, et l'honorable rapporteur pourrait se faire des illusions à cet égard. Aussi bien l'œuvre de la commission n'était pas de préparer le terrain pour une nouvelle lutte électorale, au cas où les conclusions du rapport seraient adoptées; elle avait un autre rôle : c'était de rechercher si le scrutin du 24 janvier était ou non entaché de fraude; si M. Gayraud était bien l'élu de la circonscription; si aucune pression, de quelle nature qu'elle fût, n'avait pas été exercée en vue d'assurer son triomphe.

Nous ajouterons, parce que c'est notre conviction intime, que le jour où la bataille s'engagera loyalement, le jour où le clergé ne sortira pas de son rôle, ce n'est pas M. l'abbé Gayraud qui sera vainqueur.

Ceux qui l'ont défendu avec un zèle exagéré ne le connaissaient pas quand ils l'ont chargé de les représenter ; il a donné sa mesure, comme nous l'avons fait voir dans un chapitre précédent ; ils savent à qui ils ont affaire maintenant. Peuvent-ils encore en conscience lui donner leurs suffrages? Qu'ils s'interrogent, et si la réponse est faite sans parti pris, mais avec sincérité, nous serions bien surpris qu'elle fût affirmative.

XIII

Une Thèse libérale.

Le rapport dont nous venons de donner une succincte analyse est venu en discussion devant la Chambre le 6 juillet. Les débats n'ont présenté qu'un intérêt secondaire. La question avait été épuisée le jour où avait été décidée la nomination de la commission d'enquête. Cette commission, après s'être promenée dans la troisième circoncription et même dans tout l'arrondissement de Brest, revenait avec une demande d'invalidation. On le savait par avance, et cette conclusion ne pouvait ni ne devait surprendre.

Au début de la séance, une protestation nette, énergique se fit entendre en faveur de M. l'abbé Gayraud et ce ne fut pas un membre de la gauche, ce fut un ami politique de M. le comte de Blois, M. Baudry d'Asson qui la porta à la tribune. Après avoir rappelé la sympathie qu'il professait pour le concurrent de M. l'abbé Gayraud, il exposait avec une crânerie à laquelle il était impossible de ne pas rendre hommage et un langage pittoresque qui mit plus d'une fois les rieurs de son côté, les raisons qui l'engageaient à combattre les conclusions de la commission d'enquête et à réclamer la validation de l'élection.

La Défense de M. l'abbé Gayraud.

Celui-ci succédait à la tribune à M. Baudry d'Asson et plaidait sa cause avec plus d'habileté que la première fois. Il se dispensait de renouveler les attaques déplacées contre les royalistes dont il avait pris l'initiative dans son discours du 6 avril. Il entrait dans le vif du débat et se déclarait satisfait quelle qu'en fût l'issue.

— Si je suis validé, j'en serai heureux, disait-il, parce que vous éviterez à ma circonscription une agitation électorale inutile. Si je suis invalidé, j'en serai ravi, parce que ma réélection prouvera que mes électeurs ont fait un choix libre et raisonné.

M. l'abbé Gayraud ne cachait pas qu'il avait été patronné par le clergé, que c'était grâce à son influence qu'il avait été nommé; mais je m'en fais gloire, disait-il. Et l'orateur montrait qu'il n'était pas possible que le clergé se désintéressât de la politique :

« Vous me reprochez l'ingérence du clergé, je tiens à vous dire comment j'envisage cette ingérence. Je ne me placerai pas au point de vue du droit, au point de vue abstrait et philosophique, non, je me placerai sur le terrain des faits. L'Eglise fait de la politique.

« Elle en a toujours fait, elle en fera toujours. Je vais vous dire pourquoi.

« Est-ce que l'Eglise — je ne ferai pas un cours de théologie — n'est pas la gardienne des intérêts moraux et religieux, par sa mission sur cette terre, par son institution même? Mais en vertu même du Concordat, voilà ce qu'elle est devant vous.

« L'Etat est chargé des intérêts matériels, voilà la situation de fait qui existe entre l'Eglise et l'Etat :

l'Eglise gardienne des intérêts des âmes ; l'Etat, au contraire, ayant la garde des intérêts de ce monde, si vous voulez une formule plus large que celle des intérêts matériels.

« Dans cette situation, il y a conflit et conflit inévitable entre les deux intérêts : il y a conflit inévitable entre les intérêts dans la société comme dans l'individu entre les besoins et les désirs corporels et la loi morale qui régit la conscience. Le phénomène que l'on constate dans l'intérieur de l'individu se reproduit dans la société.

« Cette lutte des deux puissances, mais c'est l'histoire de la civilisation, c'est l'histoire même de l'humanité; et l'histoire ne s'explique précisément que par ce conflit perpétuel et par cette lutte entre ce que vous me permettrez d'appeler les intérêts supérieurs de l'âme et les intérêts terrestres d'ici-bas. »

Comment l'Eglise peut-elle intervenir ? Par son clergé, répondait M. l'abbé Gayraud, par ses curés, ses vicaires, ses prêtres, ses religieux, par ceux qui sont du peuple, qui vivent avec le peuple. Voilà pourquoi de la situation de l'Eglise et de l'Etat, il résulte cette conséquence que le clergé catholique a le droit et le devoir d'entrer dans l'arène électorale.

Oui, mais la question est de savoir comment s'est exercée cette intervention, la question est de savoir si le clergé a respecté les règles qu'à cet égard traçait, il y a quelques années, Mgr Freppel, un des illustres prédécesseurs de M. l'abbé Gayraud ; — « Le rôle du prêtre, disait-il, doit être envisagé sous un double aspect. En dehors de son ministère, il est citoyen comme tout le monde, et, à titre de citoyen, il a le droit non seulement de voter pour qui bon lui semble, mais d'exprimer hautement son opinion et de dire pour qui et pour quoi il vote ainsi. Dans l'exercice de son ministère, il n'a plus la même liberté. Comme ministre d'une religion qui enseigne la paix entre les hommes et prêche la fraternité, il doit rester étranger aux querelles de personnes et aux luttes de parti. Mais, d'autre part, il ne peut oublier que la religion est en cause dans ces luttes, qu'il y a des doctrines qui l'oppriment ou la menacent, et que si elle n'était défendue, la société sombrerait fatalement dans le matérialisme et la bestialité. Le prêtre a donc le devoir d'éveiller dans l'esprit de ses ouailles le sentiment des responsabilités électorales, de leur faire mesurer la portée de leur vote, et, s'ils sont vraiment religieux, de diriger leurs sentiments et leur foi vers ceux qui veulent défendre et maintenir la religion, plutôt que vers ceux qui veulent l'abolir. »

Telle est, pourrions-nous dire, la loi en la matière. Or le clergé breton s'y est-il conformé? en tous cas les républicains, qui n'admettent pas la théorie de Mgr Freppel, prétendent que les prêtres de la troisième circonscription de Brest avaient été beaucoup plus loin et qu'il y avait eu des refus d'absolution opposés aux électeurs qui n'avaient point donné leur voix à M. l'abbé Gayraud.

Celui-ci donnait un démenti formel à cette assertion. « J'apporte ici ma parole d'honneur qu'il n'y a pas eu de refus d'absolution.

« Messieurs, il faudrait pour cela supposer que tous les prêtres de la troisième circonscription de Brest ont manqué à leurs devoirs précis. Et vous ne pouvez apporter cette assertion à la tribune; les prêtres les plus autorisés, en particulier M. l'abbé Ollivier, curé de Lannilis, et M. l'abbé Grall, curé de Ploudalmézeau, ont dit ouvertement : « Il n'est pas permis de refuser l'absolution « à ceux qui ont voté pour l'honorable comte de

« Blois ». Si jamais le fait s'était produit, je vous assure que j'aurais été le premier à faire entendre une énergique protestation.

Ici une réflexion se présente à l'esprit. Dire que les prêtres de la troisième circonscription de Brest n'ont pu refuser l'absolution, parce qu'ils auraient manqué à leurs devoirs précis, c'est justement affirmer ce qui est en question. Le démenti de M. l'abbé Gayraud ne vaut donc que pour MM. les abbés Grall et Ollivier qu'il a désignés.

Pour les autres, il y a les dépositions de M. de Poulpiquet, de M. de Kerasdoué et de bien d'autres qui subsistent, parce qu'elles émanent d'hommes d'honneur et qu'elles ont été faites sous la foi du serment.

Le Discours de M. Rabier.

C'est la réponse que faisait M. Rabier et cette réponse reste entière.

On peut croire après cela que nous ne suivrons pas le rapporteur dans les longues explications qu'il a données à la Chambre. Il a cru devoir remonter à la déclaration de 1682. C'était prendre les choses d'un peu haut pour arriver à cette conclusion fausse, parce qu'elle est trop absolue, que le clergé n'a pas le droit de se mêler à la lutte électorale. Il faisait ensuite un portrait peu flatté de MM. les abbés Grall et Ollivier, deux prêtres audacieux n'ayant aucun scrupule sur les moyens à employer pour arriver à leurs fins et qui avaient été les promoteurs de la candidature de M. l'abbé Gayraud. Puis le rapporteur se lançait dans des digressions qui n'avaient que de lointains rapports avec l'affaire en discussion. Il montrait les abbés Grall et Ollivier, à la tête de toutes les œuvres de la marine et des œuvres militaires, créant des cercles pour les soldats et enrôlant ceux-ci sous la bannière cléricale. Il allait jusqu'à reprocher au ministre de la guerre d'avoir permis à sa fille de quêter dans une église pour une œuvre intéressant l'armée et au ministre de la marine d'avoir mis son fils dans une institution dirigée par des ecclésiastiques.

C'était, comme devait le dire un peu plus tard le président du Conseil, une interpellation sur la politique générale du cabinet que M. Rabier greffait sur le débat concernant l'élection et à laquelle M. Méline répondit assez heureusement. Après l'intervention du clergé, M. Rabier dénonçait l'intervention du pape et refaisait le discours de M. Hémon. L'orateur terminait en priant le président du Conseil de se montrer ferme dans l'application de la loi afin de permettre au parti républicain de reprendre le terrain perdu grâce à la faiblesse des uns et à la compromission des autres.

L'Intervention de M. Méline.

M. Méline que ces dernières paroles avaient appelé à la tribune, revendiquait pour les fonctionnaires le droit de faire instruire leurs enfants dans les écoles qu'il leur plaît de choisir. Puis il exposait les idées du Gouvernement sur le rôle du prêtre dans les élections.

« Pour qu'il n'y ait, du reste, aucune équivoque sur la pensée du Gouvernement, permettez-moi maintenant, avant de terminer, — bien que je ne veuille pas entrer dans la discussion de l'élection — de dire un mot en réponse à la thèse apportée à cette tribune par l'honorable abbé Gayraud, parce qu'elle est d'ordre général.

« Je tiens à déclarer que cette thèse n'est nullement celle du Gouvernement. Nous l'avons affirmé assez souvent pour que je n'aie aucun mérite à le répéter. M. l'abbé Gayraud se réclame, comme membre du clergé, de son droit d'électeur et de citoyen pour en tirer cette conclusion que le clergé a un droit absolu et illimité d'action et de propagande électorales.

« Je n'ai pas à examiner la question de savoir si les prêtres sont ou non des fonctionnaires. Il me suffit de savoir qu'ils sont liés à l'Etat par le Concordat, qui leur impose des obligations particulières, et la première de ces obligations est de se renfermer étroitement dans l'exercice de leur mission.

« Sans doute, je ne le nie pas, ils ont les droits de tous les citoyens; ils peuvent voter librement, comme ils l'entendent, et exercer autour d'eux l'action personnelle que tous les citoyens ont le droit d'exercer; mais ce qui leur est absolument interdit, c'est de se servir de leurs fonctions et d'abuser de leur ministère pour agiter et peser sur le corps électoral; ce qui leur est interdit surtout, c'est de cesser d'être des individualités pour se réclamer des droits de la collectivité. Ils n'ont pas le droit, en tant que clergé, en tant qu'Église, de faire invasion dans les choses de la politique.

« Sur ce point, le Gouvernement se sépare absolument de M. l'abbé Gayraud.

« Ce que je dis là, je l'ai toujours dit. Mon opinion ne date pas d'aujourd'hui; les déclarations que je fais ne sont pas nouvelles; elles n'ont pas été improvisées pour les besoins de la discussion où il a plu à M. Rabier de m'attirer. »

L'Invalidation.

Il ne restait plus qu'à passer au vote. Par 336 voix contre 70, la Chambre prononçait l'invalidation. La majorité, qui s'était déclarée en faveur de l'enquête, n'avait pas voulu se déjuger.

XIV

Une Lettre du Pape.

M. l'abbé Gayraud est renvoyé devant ses électeurs. Ceux-ci l'ont choisi dans un moment d'enthousiasme irréfléchi mais sincère. Ils avaient cru de très bonne foi à la supériorité du candidat présenté à leurs suffrages. On le leur avait donné comme un de ces tribuns éloquents, capables de soulever le peuple par leur parole enflammée et d'entraîner à leur suite les assemblées vaincues et domptées.

Depuis, M. l'abbé Gayraud a donné sa véritable mesure : il s'est fait connaître sous le rapport du talent et du caractère. Le talent n'est pas celui d'un homme supérieur et le caractère, comme l'a reconnu un de ses admirateurs, est encore au-dessous du talent. Telle est la vérité.

Les électeurs de la troisième circonscription de Brest, insuffisamment informés lors du scrutin du mois de janvier, peuvent maintenant porter un arrêt en pleine connaissance. Leur arrêt confirmera-t-il le jugement erroné, à notre avis, rendu en première instance? M. l'abbé Gayraud n'élève aucun doute à cet égard. « Je suis sûr de ma réélection », a-t-il prophétisé. Nous ne connaissons pas assez les dispositions des électeurs pour nous permettre de contredire ou d'approuver ce pronostic. Nous savons seulement que les Bretons sont des hommes de bon sens, d'un jugement droit, éclairé, attachés aux traditions séculaires qui ont fait de la France non seulement la première nation du monde, mais le soldat de Dieu sur la terre. Ces traditions, on leur a demandé de les oublier dans l'intérêt supérieur de la religion, sous le prétexte d'obéir aux directions pontificales, pour élire un candidat du Pape.

D'abord redisons-le, parce qu'il faut que cela soit bien entendu et bien compris. Quoique l'on ait pu prétendre et affirmer, M. l'abbé Gayraud n'est pas et ne peut pas être le candidat du Pape, par cette excellente raison que le pape ne saurait avoir de candidat. Son Exc. le nonce apostolique l'a déclaré au ministre des cultes dans une circonstance que nous avons eu l'occasion de rappeler (1).

En outre, nous savons aujourd'hui que le Pape n'exige pas, comme on a voulu le faire croire, le ralliement à la République. Nous pouvons en fournir plusieurs preuves. Nous avons en premier lieu la lettre adressée par Sa Sainteté Léon XIII à Mgr Mathieu, archevêque de Toulouse, à propos des enseignements contenus dans son mandement de carême. Le Souverain Pontife félicite Mgr Mathieu de ces enseignements et s'exprime ainsi dans le passage essentiel de ce document :

« *Nous n'avons jamais voulu rien ajouter ni aux appréciations des grands docteurs sur la valeur des diverses formes de gouvernement, ni à la doctrine catholique et aux traditions de ce Siège apostolique sur le degré d'obéissance dû aux pouvoirs constitués.* En appropriant aux circonstances présentes ces maximes traditionnelles, *loin de Nous ingérer dans*

(1) Voir page 89.

les questions d'ordre temporel débattues parmi vous, Notre ambition était, est, et sera de contribuer au bien moral et au bonheur de la France, toujours fille aînée de l'Eglise, en conviant les hommes de toute nuance, qu'ils aient pour eux la puissance du nombre, ou la gloire du nom, ou le prestige des dons de l'esprit, ou l'influence pratique de la fortune, à se grouper utilement à cette fin, sur le terrain des institutions en vigueur. »

S'il faut s'attendre, selon la juste observation du *Moniteur universel* (1), à ce que les adeptes de la méthode du ralliement s'emparent du dernier membre de phrase, nous avons lieu d'invoquer l'autre phrase si nette où le Souverain Pontife déclare qu'il ne s'ingère pas dans les questions d'ordre temporel qui nous divisent.

L'absolution des réfractaires.

Mais il y a quelque chose de plus précis, quelque chose de décisif à cet égard et qui tranche nettement la question. Ce sont les graves paroles prononcées par Mgr Foucauld, évêque de Saint-Dié, aux fêtes qui ont été données à Mattaincourt, en l'honneur de saint Pierre Fourier. Mgr Foucault, s'adressant à M. Buffet, l'éminent sénateur de la Droite, lui a dit textuellement ceci :

« A vous, qui ne livrez pas facilement votre cœur, je veux bien vous dire que S. S. Léon XIII, le Grand Pontife qui gouverne l'Eglise, ne vous garde pas rancune de votre réserve. Il n'oublie pas avec quel dévouement profond vous avez toujours veillé aux intérêts de la France et de l'Eglise. »

(1) *Moniteur* du 6 avril 1897.

Dans la réponse de M. Buffet, nous lisons :

« Je tiens à exprimer à Mgr de Saint-Dié ma vive reconnaissance pour ce qu'il a bien voulu nous apprendre en ce qui me concerne de son dernier entretien avec le Souverain Pontife.

« Parmi les personnes qui me sont les plus chères, il y en avait bien quelques-unes, je l'avoue, qui n'étaient pas sans scrupules au sujet de ma conduite politique. Ces scrupules seront désormais dissipés, car je suis autorisé à conclure des paroles rapportées par Mgr de Saint-Dié que, sur ce point, l'absolution de l'autorité suprême m'est acquise. Et comme je ne suis pas seul dans ce cas, je dois penser que cette paternelle bienveillance de Sa Sainteté s'étend à mes amis, dont la conduite politique et parlementaire n'est dirigée que par leur absolu dévouement à la France et à l'Eglise. »

Nous pouvons dire, après cela, que la cause est entendue. Les paroles de Mgr Foucault n'absolvent pas seulement M. Buffet, elles absolvent encore avec lui tous ceux qui ont gardé la même réserve.

Que si les électeurs de la troisième circonscription de Brest éprouvent malgré tout des scrupules, nous les engagerions à méditer les réflexions suivantes que nous empruntons à la *Vérité*. Elles font ressortir que, surtout peut-être au point de vue catholique, M. l'abbé Gayraud est loin d'être un candidat irréprochable.

« Sans croire nécessaire de renouveler une polémique désormais inutile, nous maintenons notre premier sentiment sur la « candidature de division » si bien caractérisée par la *Croix*. Non seulement les raisons que nous avons données contre elle subsistent sans qu'on ait pu en infirmer une seule, appuyées qu'elles étaient sur des autorités indiscutables ; mais l'attitude parlementaire de l'élu n'a que trop justifié les défiances qu'inspirait le candidat.

« Il s'ensuit que les électeurs, qui une première fois ont pu être trompés sur la personnalité du candidat qui s'offrait à eux, sont désormais pleinement renseignés. S'il leur plaît de le préférer à un candidat local dont le passé, non seulement intact, mais glorieux, mérite toute confiance au point de vue des intérêts de la religion et du pays, qu'ils en prennent la responsabilité.

« Pour ce qui nous concerne, nous tenons essentiellement à dégager la nôtre. A qui put applaudir un Brisson faisant acte de sectaire, nous estimons toujours que les catholiques soucieux de l'honneur breton ne sauraient donner ni leur appui, ni leurs suffrages. »

On ne saurait mieux dire. Nous fortifierons la conclusion de la *Vérité* en ajoutant que les Bretons ne peuvent mettre leur confiance dans un admirateur de M. Goblet. Dans la séance du 6 juillet, dont nous avons présenté plus haut un résumé, alors qu'il plaidait *pro domo* et réclamait sa validation, M. l'abbé Gayraud disait : « J'en demande pardon à l'honorable M. Goblet, mais il ne peut m'en vouloir, si l'on trouve son nom lié à toutes les grandes et nobles idées ». Oui, c'est à M. Goblet, c'est à l'auteur d'un projet de loi sur les associations qui met en dehors du droit commun les congrégations religieuses, c'est à l'homme qui fit fermer de nombreuses chapelles, c'est à l'homme qui donnait des instructions telles qu'on ouvrait le feu sur de malheureuses femmes réunies pour prier et qui porte au front la tache sanglante de Châteauvillain que M. l'abbé Gayraud a décerné un pareil éloge. On croit rêver en lisant ces énormités et l'on a besoin, pour ne pas s'indigner, de se rappeler que celui qui les profère a été considéré par un de ses anciens comme un inconscient.

Pour qui il faut voter.

Nous le répétons, parce que c'est notre intime conviction, l'approbateur de M. Brisson, le panégyriste de M. Goblet ne peut représenter les chrétiennes populations du Finistère. Les électeurs, désormais fixés, sauront tenir compte des intérêts moraux et matériels du pays et ils voteront pour M. le comte de Blois, dont les fermes convictions religieuses leur sont connues et dont ils apprécient depuis longtemps la compétence pour tout ce qui touche aux besoins économiques et commerciaux de la région.

IMPRIMERIE P. MOUILLOT, A ISSY

www.ingramcontent.com/pod-product-compliance
Lightning Source LLC
LaVergne TN
LVHW010610110826
845149LV00003B/840

* 9 7 8 2 0 1 9 2 0 7 9 0 8 *